En mis primeros días como líder, de haberme conocido mejor, habría tomado mejores decisiones. Conocerse uno mismo no tiene precio y, en este libro, Clay nos ayuda a superar las distracciones y a ser conscientes de cada momento, algo que nos puede ayudar a regular nuestra forma de pensar, actuar y sentir.

IAN MORGAN CRON, autor del popular libro *El camino de regreso a ti: Un eneagrama hacia tu verdadero yo*

Seamos sinceros... vivimos en un mundo *lleno* de distracciones. Y ni siquiera las hemos buscado. ¡Son ellas las que dan con nosotros! Sin embargo, experimentar un impulso genuino significa detener en seco las distracciones. Y esto es lo que convierte *Cómo liderar en un mundo de distracciones* en un recurso tan valioso, no solo para los líderes, sino para cualquiera que anhele producir un impacto positivo en el mundo.

DAVE RAMSEY, autor *best seller* y presentador de un programa de radio de difusión nacional

Este libro proporciona formas prácticas de ayudarlo a enfocarse en lo más importante y a crecer como líder.

COLIN FAULKNER, vicepresidente principal de ventas y mercadotecnia, Chicago Cubs

La primera vez que escuché a Clay hablar sobre este tema pensé: *Esto debería ser un libro.* Y ahora lo es. El ruido es inevitable. El ruido distrae. En este libro, Clay les proporciona a los líderes formas prácticas de aplacarlo, de forma individual y como organización.

ANDY STANLEY, pastor titular y fundador, North Point Ministries

CÓMO LIDERAR EN UN MUNDO DE DISTRACCIÓN

CUATRO HÁBITOS SENCILLOS

PARA DISMINUIR EL RUIDO

CLAY SCROGGINS

La misión de Editorial Vida es ser la compañía líder en satisfacer las necesidades de las personas con recursos cuyo contenido glorifique al Señor Jesucristo y promueva principios bíblicos.

CÓMO LIDERAR EN UN MUNDO DE DISTRACCIÓN
Edición en español publicada por
Editorial Vida, 2020
Nashville Tennessee

© 2020 por Editorial Vida

Este título también está disponible en formato electrónico.

Originally published in the U.S.A. under the title:
How to Lead in a World of Distraction
Copyright © 2019 by Clay Scroggins
Published by permission of Zondervan, Grand Rapids, Michigan 49546.
All rights reserved.
Further reproduction or distribution is prohibited.

Editora en Jefe: *Graciela Lelli*
Traducción: *Loida Viegas*
Adaptación del diseño al español: *Grupo Nivel Uno, Inc.*

ISBN: 978-0-82974-548-1

CATEGORÍA: Religión / Vida Cristiana / Liderazgo

IMPRESO EN ESTADOS UNIDOS DE AMÉRICA
PRINTED IN THE UNITED STATES OF AMERICA

20 21 22 23 LSC 9 8 7 6 5 4 3 2 1

Jenny, el hecho de que seas quien eres
me insta a querer ser mejor.

CONTENIDO

AGRADECIMIENTOS

Todo lo que merece la pena en la vida suele ser por lo general una especie de esfuerzo de grupo. Este libro no es un caso distinto. Por lo tanto, me gustaría gritar mi gratitud a unas cuantas personas que han hecho posible este proyecto.

A mi esposa e hijos:

Jenny, tú eres mi verdadera compañera incondicional. ¡Eres un apoyo muy grande para mí! Sin embargo, tampoco te amilanas cuando necesito una palmada en el trasero para darme un poco de prisa. Gracias por incitarme con tanta elegancia, esperarme con paciencia y siempre creer en mí.

Lucy, Jake, Sally, Cooper y Whit: de la alineación completa, todas las veces los habría elegido a cada uno de ustedes.

A aquellos que en mi trabajo me han ayudado tanto:

Megan Gross, sigo sin creer que aceptaras el puesto de trabajo hace doce años, pero me alegro mucho de que lo hicieras. Lo llevas todo al dedillo, tratas a todos sumamente bien y haces que todo parezca divertido. ¡Gracias!

Suzy Gray, casi siempre eres la más lista, la que más se esfuerza y la persona más estratégica de todas, pero actúas como si nadie lo supiera. ¡A Brooklyn y a ti les debo mucho por todo lo que han hecho por mí! ¡Gracias!

Andy Stanley, gracias por proporcionarme una oportunidad todos estos años. Gracias por ser el pastor más respetable del planeta. Cualquier otro, con esa cantidad de poder y fama, se habría vuelto bastante raro, pero tú siempre eres humilde.

Lane Jones, gracias por enseñarme que es posible tener una relación de amistad con el jefe. ¡Eres un líder tremendo y un jefe extraordinario!

Justin Elam, gracias por ayudarme a darles forma a estos pensamientos desde el principio.

Evan McLaughlin, gracias por permitirme hacerte consultas de último minuto.

Mallory y Adam Boyle, me acompañaron desde el comienzo de esto, ¡y me siento muy agradecido con ambos!

Jonny Wills, gracias por lo fácil que es trabajar contigo y por hacer un trabajo tan estupendo. Eres un buen hombre y tienes gran talento. ¡Estoy muy agradecido por tenerte!

Debbie Causey, me has enseñado mucho sobre salud emocional, ya que sencillamente eres emocionalmente sana. ¡Gracias!

Al equipo editorial de Zondervan. ¡Ha sido asombroso trabajar con ustedes!

Ryan Pazdur, aparte de ser un editor fenomenal, eres mucho más que eso. Eres inteligente, trabajador, intuitivo y creativo. Por encima de todo, acogiste este proyecto como si fuera tuyo. ¡Estuviste a mi lado en todo momento y nunca te lo agradeceré bastante!

Nate Kroeze, los libros no son tan útiles si no llegan a las manos de las personas, ¡y eso lo haces muy bien! Sigue abriéndote tu propio camino. ¡Eres único!

Kim Tanner y Dawn Hurley, ustedes son los Mariano Rivera de este proceso. Ambos llegaron al final y lo cambiaron todo para bien.

Jesse Hillman, gracias por ocuparte de las cosas difíciles con gracia y sabiduría.

Ah, y tú, Stan Gundry, eres una leyenda. Sigo esperando que me des una vuelta en ese precioso auto tuyo.

CAPÍTULO 1

EL PELIGRO DE LA DISTRACCIÓN

Me distraigo con mucha facilidad.

El año pasado mis parientes políticos de Texas, siempre aventureros, vinieron a Atlanta a hacernos una visita. En lugar de dirigirse a las mismas atracciones que habían visitado cada año con nuestros hijos, nos preguntaron si querríamos explorar una nueva ciudad, una a poca distancia en auto de nuestro hogar. Mi esposa y su madre se pusieron de acuerdo y planearon un breve viaje a Chattanooga, una pequeña y hermosa localidad con excelentes actividades infantiles en el centro de la ciudad.

Era un caluroso verano de julio y, tras un ocupado día de trabajo, aparqué mi Ford Explorer recién comprado en la entrada de la casa alquilada que habíamos reservado, a unas cuantas manzanas al norte de Chattanooga. Fui el primero en llegar y el dueño de la casa (que vivía justo en la vivienda de al lado) ya estaba allí, esperándome en la entrada para saludarme. Aunque el sol no se había puesto todavía, el cielo se estaba oscureciendo. Parecía que una fuerte tormenta eléctrica se avecinaba. Tan pronto como abrí la puerta de mi auto para estrechar su mano, unas enormes gotas de lluvia empezaron a caer. Corrí hacia la puerta principal de la casa y seguí al propietario al interior para un recorrido rápido.

Diez minutos después llegaron mi esposa, nuestros hijos y mis parientes. Nuestros cinco hijos, que eran pequeños, entraron en tromba a la casa como si fuera la gran inauguración de un Chuck E. Cheese y regalaran entradas gratuitas a los primeros clientes. Besé a mi esposa, saludé a sus padres (a los que no había visto en meses), y les presenté a todos a Jim, el casero. La escena era un tanto caótica, pues de repente la casa vacía se había llenado de personas, los niños correteaban por doquier y se mantenían conversaciones múltiples. Me acordé de la primera escena de *Solo en casa*.

Tras las presentaciones y los saludos, le hice una señal a mi esposa para que atendiera al propietario mientras le explicaba los detalles restantes sobre la casa. Odio los pormenores. Mis ojos ya se nublaban a medida que Jim se hundía cada vez más en los puntos más sutiles del sistema de televisión ridículamente complicado. Señalé hacia la carpeta de tres anillas que me estaba mostrando. Esta encerraba todas las instrucciones para cualquier cosa que quisiéramos usar. En aquel momento no me decía nada, pero recuerdo vagamente que cuando llegó la tropa él estaba comentando acerca de una puerta en la parte delantera de la entrada. Estaba en perfecto estado, pero no se había usado durante bastante tiempo. No obstante, llegados a ese punto, yo apenas lo escuchaba. Sencillamente eran demasiadas distracciones.

«Pueden usar la puerta si lo desean, pero no veo razón alguna para hacerlo», anunció. Asentí con la cabeza en señal de afirmación, aunque mi mente estaba despistada, abstraída por su extraño parecido a una rara combinación de Bill Wennington, el antiguo jugador de los Chicago Bulls y Walter White de *Breaking Bad*.

Como ya señalé antes, me distraigo con facilidad.

A pesar de que solo eran las siete de la tarde, nuestro hijo pequeño, Whit —que tenía seis meses en aquel entonces— nos estaba indicando que se encontraba listo para irse a la cama. De modo que antes de bajar el resto del equipaje de la camioneta de mi esposa, luché con la cuna portátil y la armé como un experimentado papá. Intervine en una confrontación entre dos de nuestros hijos mayores y les confisqué el juego de dardos que habían encontrado en el sótano. Me pareció lo más seguro. Cuando acabé con el proceso de descarga, ayudé a mi esposa con el baño de los más pequeños, acompañé a los niños mayores a encontrar su lugar para dormir, convencí al que seguía sangrando por el dardo mal lanzado de que no hacía falta curita ya que solo era un rasguño, y me derrumbé en la cama en torno a las diez de la noche. Después de todo, tenía que levantarme a las cinco de la mañana para recorrer el camino de vuelta al trabajo, donde me aguardaba una reunión a la que no podía faltar.

O eso pensé.

Como cada mañana, me desperté sin alarma y de un salto me metí en la ducha. Recuerdo que tuve un pensamiento al azar cuando rebusqué en mi bolso de viaje para encontrar un cepillo de dientes.

¿Dónde puse las llaves de mi auto?

En mi pensamiento repasé toda la noche anterior: la tormenta, las conversaciones con el casero, los saludos a los parientes y el malabarismo para acomodar a los niños. No recordaba haber hecho nada con ellas. Debí dejarlas en el auto.

Hmmm. Eso no había sido nada inteligente.

Salí al exterior en medio de la oscuridad, bajo la húmeda mañana de Chattanooga, y experimenté un momento que no olvidaré jamás.

Qué extraño. ¿Dónde está mi auto?

¿No había estacionado en la entrada? Estaba convencido de haberlo hecho.

¿Acaso lo habría cambiado de lugar mi esposa o alguno de mis parientes? No se me ocurría ningún motivo para ello. ¿Habrían sido mis hijos? De ser ese el caso, ni siquiera me enfurecería. Sería impresionante.

Entonces lo entendí todo. Yo *había* dejado las llaves en el auto. Había estado tan distraído por el frenesí de la llegada y la tarea de descargar el equipaje que las había olvidado en el encendido. Y ahora me habían robado el auto.

Las distracciones son un problema.

TODOS, EN TODAS PARTES

Ninguno de nosotros somos inmunes a la creciente repetición de distracciones que nos rodea. A lo largo de los últimos años, les he formulado a muchos una sencilla pregunta: ¿Hay más o menos distracciones en nuestro mundo actual que hace diez años? La respuesta siempre es un rotundo: «¡Más!». Todos lo sentimos. Y nos estamos ahogando en ellas dondequiera que vamos.

«Esto es un problema en el lugar de trabajo». Ya que los empleados se enfrentan a una distracción epidémica. En el año 2016, CareerBuilder dirigió una encuesta sobre este tema, pidiéndoles a dos mil contratados y directores de recursos humanos que identificaran las dos distracciones más importantes en el sitio de trabajo. Las respuestas más comunes no son una sorpresa: los teléfonos inteligentes (55%), la Internet (41%), el cotilleo (37%), los medios sociales (37%), las visitas de los compañeros de trabajo (27%), los recesos para fumar o merendar (27%), los correos electrónicos (26%), las reuniones (24%) y los compañeros ruidosos (20%).[1] Aun peor es el efecto directo que estas distracciones tienen sobre la productividad: «Tres de cuatro empleadores (75%) afirman que se pierden dos o más horas de productividad debido a que los empleados están distraídos. El 43% afirma que se pierden al menos tres horas al día». Considere de nuevo esa lista. Varios de los elementos mencionados como distracciones comunes son problemas *recientes*, el resultado del cambio de tecnología, y la mayoría de los patrones siguen intentando determinar su coste. No obstante, una cosa es evidente. Existe un precio. Y las distracciones a las que nos enfrentamos en el lugar de trabajo van de mal en peor.

Sin embargo, el trabajo no es el único lugar donde hacemos frente a las distracciones. Estas constituyen una epidemia también en nuestros hogares. Me sobran las historias de los momentos importantes de la vida de mis hijos que me perdí, porque mi mente estaba consumida por otra cosa. Me muestro distraído y no siempre me encuentro presente, incluso estando en la misma habitación que mi familia. Podría estar reflexionando en un problema del trabajo u ocupado contestando mi Twitter. Ponga esto en la categoría de «Fallos de los padres». Justo la semana pasada, mi esposa y yo estábamos ocupados con la hora del baño de nuestros cuatro pequeños cuando perdimos de vista a uno de ellos. No fueron más de cinco minutos, de modo que niéguese a juzgar hasta haber oído la historia completa.

Nuestro hijo más pequeño, Whit, todavía está aprendiendo a caminar, y ya estaba bañado y listo para irse a la cama. Con esto quiero decir que me esperaba para que le pusiera el pañal y su pijama. Evidentemente, él ya había esperado demasiado. Yo estaba concentrado en otra cosa, arreglando algo de la cámara de su habitación, y de algún modo no me di cuenta de que se había marchado gateando en silencio. Cuando estaba ayudando con otro de los niños, una tarea sorprendentemente difícil, a mitad de lo que estaba haciendo, mi esposa me gritó desde la otra habitación: «¿Podrías acostar a Whit en la cama?». Debo decir a favor de mi esposa que es muy estricta con la hora de dormir, y como ya pasaban unos minutos de las siete, era muy consciente de que nos estábamos retrasando con él.

Miré a mi alrededor para localizarlo y entonces me di cuenta de que se había marchado. No había problema. Sin duda había encontrado un tubo de dentífrico y estaba decorando creativamente las paredes del cuarto de baño con él (imagínese aquí un emoji con los ojos en blanco). Como la puerta de seguridad para niños de la escalera estaba abierta de par en par, me dirigí a la planta baja. Busqué en cada habitación, pero no lo pude encontrar en ningún lugar.

Fue entonces cuando me percaté de que la puerta de la calle estaba abierta por completo. Eso era muy extraño. Aunque con seguridad él no había salido.

Yo estaba más que equivocado. No solo se había ido arrastrando hasta el exterior de la casa, sino que se iba abriendo camino calle abajo. Cuando lo encontré había dejado atrás cuatro casas. Debo decir que lo había hecho bien, ya que seguía por la acera. Y para diversión de nuestros vecinos, se hallaba completamente desnudo. Fue todo un espectáculo en una hermosa noche de primavera.

Más tarde nos reímos de las consecuencias de esa distracción, pero no todos nuestros momentos de despiste resultan tan cómicos. En realidad, hay mucho de qué preocuparnos cuando consideramos los incesantes efectos de la tecnología sobre nuestras familias. A pesar del aumento del tiempo que hijos y padres pasan juntos, la calidad de nuestro compromiso mutuo va decreciendo. Como señala *The Atlantic*, los efectos son problemáticos tanto para los vástagos como para los progenitores, y se desconoce ampliamente cuáles serán las consecuencias futuras:

> Considerando lo mucho que se habla del tiempo que los niños pasan delante de algún tipo de pantalla, es sorprendente la poca atención que se le presta al tiempo que emplean de este modo los padres mismos, quienes ahora sufren de lo que la experta en tecnología, Linda Stone, denominó hace más de veinte años «atención parcial continuada». Esta condición no solo nos está perjudicando a nosotros, como ha argumentado Stone; está dañando a nuestros hijos. El nuevo estilo de interacción parental puede interrumpir el antiguo sistema emocional de señales, cuyo distintivo es la comunicación receptiva, la base de la mayor parte del aprendizaje humano. Nos encontramos en un territorio inexplorado.[2]

No obstante, el problema no se limita a las relaciones entre niños y padres. Afecta también a los matrimonios. Hace poco vi un meme que decía: «El matrimonio no es más que enviarse mensajes de texto el uno al otro desde habitaciones distintas». Tristemente, aunque esto sea divertido, también es verdad para algunas personas. Cada vez son más los matrimonios que experimentan las consecuencias negativas de nuestras vidas distraídas. Se calcula que un tercio de los divorcios recientes fueron el resultado de la adicción de las personas a Facebook o de su errónea interacción con este.[3] Otros estudios son más conservadores en sus descubrimientos, pero siguen señalando el vínculo significativo entre un uso mayor de las redes sociales y un descenso de la calidad del matrimonio.[4] Aunque es preciso seguir investigando, los hallazgos iniciales no son alentadores. Tampoco resultan sorprendentes.

LA DISTRACCIÓN NO TIENE EDAD

Imagino que su vida también está llena de distracciones. Probablemente por ello haya escogido este libro. Y hasta eso es irónico, porque una de las crecientes distracciones en nuestro mundo es el número de libros no leídos que ocupan nuestras estanterías. De los que yo compro o me regalan, es muy posible que empiece uno de cada tres y solo acabe uno de cada diez. Si usted se parece en algo a mí, las probabilidades de que termine de leer este libro sin distraerse son iguales a las de que finalice este capítulo sin revisar mi correo electrónico.

Permítame un minuto. Vuelvo enseguida.

No necesito dedicar gran cantidad de tiempo a explicarle lo distraído que está nuestro mundo. Eso ya usted lo sabe. Las distracciones son hoy más numerosas que nunca antes en la historia. Piense que tenemos una ley que le prohíbe conducir un vehículo motorizado mientras consulta su teléfono móvil. Incluso que necesitemos esa ley es ridículo, eso es síntoma de un problema más profundo. ¡Por el amor del cielo, cuando se está operando con una máquina de metal en movimiento, lo lógico sería probablemente concentrarse en lo que se tiene delante! Y ahora estoy hablando conmigo mismo.

Antes de echarle la culpa a la generación milenial, por otro problema, quiero aclarar que esto *no* es algo generacional ni está relacionado con el género o el temperamento. La distracción —se deba a la tecnología o sencillamente al ritmo cambiante de la vida en nuestro mundo— nos ha afectado a todos. Y llega a cada parte de nuestra vida.

Veo a los baby boomers (o nacidos en la posguerra) despistados. Un buen amigo mío me llamó justo antes de Navidad y me comentó: «Mis padres, de sesenta y cinco años, están más distraídos con sus iPads que mi hijo de cinco años. Sinceramente creo que pondré algún tipo de restricción en sus dispositivos mientras estén en mi casa durante la semana próxima». Hazme saber cómo acaba todo, amigo mío.

Observo lo mismo en los de la generación X. Acabo de leer un estudio que indicaba que el grupo más adicto a sus teléfonos es el de mediana edad, «los canosos de la generación X».[5] Esta generación de adultos no solo usa sus dispositivos durante unos cuarenta minutos más cada día que sus contemporáneos más jóvenes, sino que ellos son los que con mayor probabilidad sacarán sus teléfonos mientras cenan. Gran parte de la utilización que hacen de estos dispositivos está relacionada con el trabajo, y por lo general lo justifican como necesario. «El punto medio de la vida es cuando su necesidad de comunicarse alcanza el máximo», escribe Clive Thompson.[6] Y esa *necesidad* de permanecer conectados con los amigos, estar al día con los correos electrónicos en el trabajo y dirigir la vida puede conducir con facilidad a los hábitos de la distracción.

La distracción, evidentemente, está afectando a la generación milenial. Yo me encuentro en esa extraña postura de haber nacido justo al límite de la década de los ochenta, de modo que soy sensible a la abundancia de la evaluación y la crítica recibida por dicha generación. A mis compañeros de trabajo mileniales les entusiasma que los pertenecientes a la generación Z sean ahora el centro de atención. Están listos para quedarse solos. Aun así, no podemos hacer la vista gorda ante la forma en que la abundancia de información de estos tiempos recientes ha creado infinitas distracciones más que durante las generaciones previas. Hubo un tiempo en el que no se sabía la respuesta a algo, y sencillamente se desconocía y punto. Los mileniales han crecido con el mantra: «¡Bueno, no tenemos por qué *no* saber!». Y esta conciencia de que en algún lugar se puede encontrar la respuesta o ese poco de información ha creado un nivel de distracción sin precedentes. Considere todas las opciones de las que ahora disponemos... búsquelo en Google, en Shazam o en Wikipedia, o pregúnteselo a Alexa. Pero ya no hay motivo para *no* saber.

Nota al margen: Cualquiera que trazara la línea entre la generación X y la generación Y (los llamados mileniales) se equivocó. El verdadero asunto que ha delimitado a estas dos generaciones es la popularización de la Internet. Crecer con una Internet accesible implica una infancia radicalmente distinta a la de alguien que no tuvo dicha experiencia. Yo nací en 1980, y aunque «técnicamente» estoy justo en el límite de que se me considere un milenial, es absurdo comparar mi experiencia con la de alguien nacido después de principios de los noventa. Si recuerda la práctica de estacionar en una gasolinera y buscar frenéticamente un cuarto de dólar para usar un teléfono de pago, usted no es un milenial.

Y no olvidemos las distracciones de la generación Z. Hace unos meses, mientras caminaba unas horas alrededor del campus de una universidad, al pasar por delante de un aula tras otra, me impresionó lo distinto que se ve todo hoy a cuando yo era universitario. Cada alumno miraba fijamente la pantalla de su ordenador portátil, su tableta o su teléfono. Y si es usted lo bastante necio como para pensar que estaban tomando notas, se equivoca por completo, porque no era así. No creo que uno solo de ellos le estuviera prestando atención al profesor. Y no los culpo. Ni siquiera puedo imaginar cuánta medicación para el déficit de atención habría necesitado yo como estudiante universitario de haber tenido acceso a la Internet mientras estaba sentado en el aula de física de una universidad. No hubiera existido la más mínima oportunidad de concentrarme y prestar atención.

No estoy escribiendo este libro para culpar a todo lo que encierra el todopoderoso teléfono inteligente, aunque el mismo sí está directamente en el punto de mira como enemigo número uno. Según la encuesta más reciente realizada por Deloitte con respecto a las tendencias mundiales de los usuarios de teléfonos móviles, la mayoría de las personas se llevan el aparato a la mesa, ven la televisión con él en la mano, duermen cerca de él, lo primero que hacen en la mañana es revisar su correo electrónico, y hasta se despiertan en mitad de la noche para darle un vistazo.[7] Lo interesante es comparar el número de personas que consideran su teléfono inteligente como un problema con el número de aquellos que afirman estar haciendo seriamente algo al respecto. Ambos están creciendo a pasos agigantados.

No. El teléfono o el dispositivo en sí no es la raíz de nuestro problema. Lo es la conducta hacia las demás cosas: los programas, los juegos y las imágenes que estimulan nuestra mente y nuestro cuerpo, y moldean nuestros pensamientos y deseos. Todo esto no hace más que exacerbar los sentimientos de descontento, aumentar nuestro anhelo de alimentar nuestros deseos insatisfechos, y proveer para las necesidades no suplidas. Como bromea el comediante Gary Gulman: «La función teléfono solo es una aplicación que rara vez uso en mi teléfono móvil».[8] Lo que lucha por nuestra atención y la de nuestros hijos es cualquier otra aplicación que el dispositivo contiene. Me alarmo cuando oigo que muchos desarrolladores de aplicaciones no permiten que sus propios hijos usen el *software* que ellos crean. Steve Jobs mismo era un padre de poca tecnología.[9] Me pregunto qué saben todas esas personas que nosotros nos estamos perdiendo. Tal vez los más cercanos al problema en Silicon Valley vean el peligro tal como es en realidad. En un artículo del *New York Times*, Nellie Bowles escribe: «Las personas que están más cerca de algo son, a menudo, quienes más recelan de ello. Los tecnólogos saben cómo funcionan de verdad los teléfonos, y muchos han decidido que no quieren que sus hijos estén ni por asomo cerca de ellos».[10]

Está empezando a haber un despertar a los efectos insensibilizadores de nuestras tecnologías que nos distraen, de los ruidos que captan nuestra atención y de las atracciones de nuestra cultura consumista. Yo estoy distraído, usted está distraído, todos lo estamos, pero esas distracciones no son el verdadero problema. En realidad, es aún peor.

EL VERDADERO PROBLEMA CON LAS DISTRACCIONES

Este mundo de distracciones nos cobra peaje. Todos los beneficios de la tecnología y nuestra cultura consumista saturada de medios de comunicación las veinticuatro horas de los siete días de la semana tienen un precio. Y podrían resultar más caros de lo que imagina. No me estoy refiriendo a la suma de sus suscripciones a la música, los medios de comunicación y la comida (aunque quizás usted quiera añadir el total de las mensualidades de su Stich Fix, Dollar Shave Club, Amazon Prime, Hulu, HBO Go, Evernote Premium y de vez en cuando Blue Apron). Dave Ramsey ciertamente se alegraría de que haga esos cálculos, pero estoy aludiendo a algo más profundo que los simples dólares y centavos. Todas estas distracciones le están costando algo que no puede ver, al menos no de inmediato. Y es necesario que entienda ese coste, porque vivir ignorándolo sería una trágica equivocación.

En mi vida, las distracciones me han costado algo muy superior al fastidio de un vehículo robado. El departamento de policía de Chattanooga acabó hallando mi auto, pero un beneficio inesperado del hurto de aquella noche fue la forma en que me obligó a disminuir mi loco ritmo habitual. Pude dar un paso atrás y darme cuenta de que mi estilo de vida distraído no era saludable ni sostenible. Como la mayoría de los proyectos de bricolaje para las reforma del hogar, las distracciones harán que las cosas que quiere hacer en la vida tarden más y sean más caras de lo que podría suponer. En las semanas que siguieron, pude identificar varios problemas causados por ellas, y tras catalogarlos y combinarlos, lo reduje a tres etiquetas de precio que será necesario pagar, si no ahora, en algún momento futuro:

1. El coste de oportunidad de lo desconocido.
2. La falta de tracción causada por la distracción.
3. El fracaso en lo que respecta a vivir su mejor vida.

Consideremos cada una de estas cosas para comenzar.

El coste de oportunidad de lo desconocido

En primer lugar, pensemos en lo que denomino *el coste de oportunidad* de sus distracciones. Doy por sentado que está familiarizado con este término. Alude a la naturaleza desconocida de las cosas que sus distracciones le están haciendo desatender. Cuando los economistas y los sociólogos hablan de *costes de oportunidad* se están refiriendo a los beneficios que usted pierde al decantarse por una cosa en detrimento de otra. Con todos los beneficios de la tecnología tendemos a restarles importancia o pasar por alto algunos de esos precios. No obstante, la verdad es que con cada alerta de notificación, con cada clic del ratón, con ese «solo leeré una noticia más» de la red, o con cualquiera que sea el programa de Netflix que le haga perder tiempo, su atención está siendo apartada *de* algo. Ese tiempo, esa energía, ese momento en el que usted está presente, se sacrifican y se pierden. Se malgasta una *oportunidad* con cada distracción que alimentamos.

¿Cuál es esa oportunidad? Sinceramente la desconozco. Y para usted ahora mismo, no importa si *yo* lo sé o no. Lo relevante es que *usted* esté al tanto. Le proporcionaré varios ejemplos si le está resultando complicado que se le ocurra alguno. Podría ser la oportunidad de desarrollar relaciones más fuertes, con mayor significado. Tal vez sea la capacidad de estar más con aquellos que lo rodean. Es posible que se trate de desarrollar una aptitud que de lo contrario no prosperaría. Quizás sea la ocasión de volverse más consciente emocionalmente. No obstante, sin importar lo que haya del otro lado de esa distracción, sé que merece la pena descubrirlo. Sin embargo, no ganará los beneficios de esas oportunidades a causa de las distracciones que están presentes en su vida. Cada ocasión perdida tiene un coste.

La falta de tracción causada por la distracción

Si realizamos un estudio etimológico del término *distraer*, nos proporciona una sencilla imagen que puede enseñarnos algo verdadero con respecto al coste de oportunidad de nuestras distracciones. La palabra *distraer* significa «separar, distanciar», y esa definición está arraigada en las dos sílabas que forman el vocablo. El verbo en latín *trahere* (tirar de) significa «arrastrar», y el prefijo *dis* quiere decir «lejos de». Nuestras distracciones están tirando literalmente de nosotros para apartarnos de algo.

«Cra. Cra. Hey. Quién. Quién. ¡Hey! Ustedes dos. ¡*Ustedes!* ¡Oigan! ¡Miren aquí!»[11] (Gracias, Lucky Day [personaje representado por Steve Martin en la película Tres amigos]).

Bien, volvamos al término *distraer.* Sí, distraer a alguien es halarlo para apartarlo de algo. Sus distracciones están halándolo a usted para separarlo de otras cosas, cosas importantes, cosas y personas a las que ama y metas que quiere alcanzar. Le están impidiendo ganar impulso en su vida. Están imposibilitando que gane *tracción* en su vida. Considere otra vez la palabra más de cerca.

Dis-*tracción.*

La falta de tracción en la vida acabará por conducir al desastre. El martes 28 de enero de 2014 la tormenta de nieve Leon atacó Atlanta, Georgia, con cinco (sí, cinco) centímetros de nieve, y causó un caos que dejó a la ciudad mostrando una escena de la vida real que parecía tomada de *Los muertos andan.* La falta de tracción provocó la devastación y el tumulto. Cuando la tracción se pierde, las cosas que están en movimiento se descontrolan. No *tienen* nada a lo que aferrarse, nada que permita el impulso hacia delante. Para su propia y rápida distracción, hágase un favor y busque «tormenta en Atlanta 2014» en Google para que vea de lo que estoy hablando.

Fue un día que jamás olvidaré, ya que Leon creó un embotellamiento masivo en las autopistas y carreteras interestatales de toda la ciudad; se informó de 1.254 accidentes de tráfico y miles de autos quedaron tirados a los lados de las carreteras. El alcalde de Atlanta, Kasim Reed, defendió su forma de lidiar con la situación y argumentó: «Sacamos a un millón de personas de la ciudad de

Atlanta en unas doce horas».[12] Y tenía razón. Hubo innumerables informes de personas que tardaron diez horas en regresar a casa desde el trabajo, y muchos de ellos acabaron abandonando sus autos y recorriendo a pie el resto del camino.

A lo largo de las siguientes semanas, la tormenta de nieve fue el tema principal de conversación con todos aquellos con los que me tropecé. Y la pregunta más común fue: «¿Cuánto tardaste en regresar a casa durante el Nievemagedón?». Cada uno tenía su propia historia de cómo anduvieron varios kilómetros hasta llegar a su domicilio, cómo tuvieron que pernoctar en casa de un amigo o incluso pasar la noche en el pasillo de una farmacia. Todo el caos fue provocado por un único problema: la falta de tracción en las carreteras.

Sin tracción no podemos avanzar. Y lo que las personas experimentaron literalmente en sus vehículos durante el Nievemagedón de Atlanta es algo que sucede cada día en nuestras vidas. ¡Muchos de nosotros conocemos el sentimiento de girar como un trompo sobre las propias ruedas! Así se malgasta un montón de energía. Podemos escuchar el ruido y saber que algo está sucediendo, pero no conseguimos impulsarnos. No avanzamos. Son muchas las personas que buscan encontrar su equilibrio en la vida, pero no parecen hallar tracción alguna.

¿Le ocurre esto a usted? Si es así, no es el único. Conozco las consecuencias de la sobreabundancia de distracciones y cómo nos hacen sentir atascados. Como pastor, soy muy consciente de ese sentimiento frustrante de girar sobre las ruedas para no llegar a lugar alguno. Muchos están ocupados y atiborran sus días con cargas de actividades, solo para derrumbarse en la cama por la noche exhaustos. Y se preguntan: *¿He conseguido algo positivo hoy?* Los días llenos de distracción llevan a vidas carentes de tracción.

El fracaso en lo que respecta a vivir su mejor vida

Sinceramente, he tirado la toalla en cuanto a lo de «vivir mi mejor vida». Si me pregunta si he llegado al punto de que me irrite «el baile del hilo dental de los niños», contestaré que no. Todavía no, pero la cosa no anda muy lejos. (No actúe como si no hubiera probado nunca este baile delante del espejo en la intimidad de su propio hogar). Hablando en serio, he desistido. Una imagen más en Instagram del ejercicio postyoga de su amiga, de la imponente dársena de la casa del lago de sus padres o de su último pedido de tostada de aguacate con el *hashtag* #ViviendoMiMejorVida, y ambos pulsaremos *Enviar* tras un lamentable comentario sarcástico. Ya sea que usted haya renunciado o no en lo que concierne a esta frase, espero que ambos podamos concordar en que si «vivir su mejor vida» significa algo, es una vida con menos distracciones, ni más ni menos.

Y eso me conduce a una sencilla observación: ¡sus distracciones le están impidiendo convertirse en alguien mejor! Se están interponiendo en el camino de su capacidad de crecer como persona y como líder. Le están impidiendo realizar un esfuerzo para su propio mejoramiento. Las distracciones están tirando de usted y lo apartan de las cosas que importan de verdad, y le impiden vivir una vida llena de impulso, avance y crecimiento. Y eso significa que sin lugar a duda, si no lo han conseguido ya, obstaculizarán su capacidad de vivir su mejor vida. Eso es lo que se supone que hacen las distracciones.

OJOS LIMPIOS Y CORAZONES LLENOS

No es de sorprender que nuestra sociedad sea quizás el grupo más estresado, deprimido y angustiado de seres humanos que ha caminado por el planeta. Las distracciones son como comer cápsulas de detergente Tide. De manera objetiva, no tiene sentido y parecerá un loco si intenta explicárselo a su abuela. Tras rendirse a una distracción y una vez satisfecho el impulso, ni siquiera se alegrará de haberlo hecho, pero le garantizo que dejará de pensar en lo que sea que *estuviera* pensando, algo importante y lleno de sentido con toda probabilidad. Tal vez tenga una historia que compartir. Y desde luego tendrá algo que subir a YouTube. No obstante, es un placer efímero, que dura un momento y desaparece. Una vida de distracciones es una vida superficial, una existencia vivida sin conciencia de sí mismo. Es una vida en constante anticipación de lo siguiente que le impedirá detenerse a escuchar lo que está sucediendo en su interior.

Bueno, no estoy de acuerdo con ninguna de las dos cosas, ni con las cápsulas de detergente ni con las distracciones. La buena noticia es que usted puede hacer algo al respecto. Y estoy aquí para ayudarlo. Escribí este libro como guía, un manual sobre cómo sofocar las distracciones en su vida. Sin embargo, mi enfoque principal no está en una mejor gestión del tiempo ni en un plan para ponerle fin a su adicción a las redes sociales. Tengo algunas ideas al respecto, pero otros libros ofrecen trucos y técnicas para ocuparse de esas cosas. Mi esperanza con este libro es ayudarlo a probar y ver lo que hay del otro lado. Quiero que vea con claridad y que anhele la mejor vida disponible para usted si comienza a anular sus distracciones. Quiero que considere que el esfuerzo merece la pena. Pero la clave es esta: usted es el único que de verdad puede hacer algo al respecto. Usted está a cargo de su propia vida. Usted es quien necesita dirigir, y eso empieza por liderarse a sí mismo. Usted es el único que puede juzgar con sinceridad sus distracciones, evaluar lo que le están costando, y después hacer algo para resolverlo.

Es evidente que no podrá eliminar todas las distracciones de su vida. Conforme lo expliquemos en el capítulo siguiente, verá que ni siquiera sería saludable. No obstante, puede *limitar* las distracciones para ser capaz de empezar a ganar tracción sobre la senda que refleja sus verdaderos deseos, las cosas que más importan. Como pastor y consejero espiritual de muchas personas, he visto ocurrir esto en innumerables vidas, y lo he experimentado a nivel personal también. ¡Le aseguro que puede hacerlo y que merece la pena!

Este libro trata de volver al buen camino en un mundo que lo distraerá para arrojarlo directamente a la zanja.

CAPÍTULO 2

EL **RUIDO**
BLANCO

El bombardeo de las distracciones en nuestra vida es, como mínimo, sistemático. Las distracciones se las apañan para hacer dos cosas realmente bien. En primer lugar, nos hacen promesas. Sí, algunas distracciones nos irritan y nos molestan, pero la mayor parte del tiempo podemos ignorarlas o rechazarlas en favor de lo que queremos. Las distracciones en las que me quiero enfocar pertenecen a otra categoría. Son las que nos ofrecen algo que deseamos, al menos en ese momento. Nos prometen algo que nos resulta agradable o que nos ayuda a afrontar un reto difícil.

En segundo lugar, cumplen sus promesas. Y a diferencia de la clásica canción de Ja Rule y Ashanti, siempre están ahí cuando se las llama y *siempre* son puntuales. Usted puede contar con que las distracciones estarán siempre presentes, haciendo lo que dicen que harán.

Las distracciones honran sus promesas, aun cuando estas sean bastante vacías. Pueden lograr captar su atención o exigir que escuche o mire, pero la mayor parte del tiempo no contienen gran sustancia. La promesa subyacente a muchas de las distracciones de nuestras vidas es sencilla: si me prestas atención, te prometo que dejarás de pensar en lo que sea que estuvieras pensando. Repito, esa es la función de las distracciones. Apartan su mente de donde la tenga enfocada. Y esto es prácticamente lo único que tienen que ofrecer. No le dan necesariamente algo mejor en lo que cavilar o concentrarse. No lo hacen mejor. No lo conducen a algún lugar de manera intencional. Son soluciones fáciles y a corto plazo para escapadas momentáneas de esta vida.

Las distracciones no lo hacen mejor.

No toda distracción es mala o incorrecta. Muchas de ellas son útiles de un modo limitado. La verdad es que a veces no podemos enfocarnos con toda atención en los temas importantes de cada día. En ocasiones necesitamos un descanso. La definición simple de distracción es «algo que le impide a alguien dedicar una atención completa a otra cosa».[1] Obviamente, hay mucho que encaja en esta categoría de «otra cosa». Y aunque muchas cosas improductivas nos distraen de los asuntos importantes, otras maravillosas a las que prestamos nuestra atención impiden que nos concentremos en algo distinto. A continuación hay algunos ejemplos de lo que quiero decir con distracción positiva:

- La sed por aprender que mantiene la radio encendida todo el tiempo.
- El deseo de estar sano y en forma que le mantiene fascinado con su salud.
- El impulso del logro que lo mantiene esforzándose.

¿Entiende a lo que me refiero? Ninguna de estas distracciones son malas, pero todas tienen el potencial de ser peligrosas. ¿Por qué? Porque hacen precisamente aquello para lo que fueron diseñadas. Cuando enfocamos nuestra atención en algo, nos aparta de otra cosa. Y esto significa que hasta lo que es bueno como querer aprender o estar sano puede convertirse en una distracción. Todo depende de aquello en lo que usted *necesita* estar enfocado realmente en este momento. Y ahí reside el gran problema a la hora de definir la «distracción». Cualquier cosa puede ser una distracción si nos aparta de lo que más necesitamos para estar sanos y tener un propósito en toda dimensión de la vida. Y esto quiere decir que es posible que hasta las cosas buenas se conviertan en un problema. Lo que todas las distracciones tienen en común es su capacidad de enmascarar o esconder esas necesidades más profundas. Ellas evitan que nos enfoquemos en aquello que nos está impulsando de verdad: los deseos, las emociones, los motivos y las necesidades que yacen bajo la superficie.

LA NECESIDAD DE DORMIR

Mi esposa y yo somos muy aficionados al ruido blanco. Y nos encantan las máquinas de ruido. De manera específica, me gusta el ruido *de la lluvia fuerte, el soplido del viento* y el *ruido marrón*. Estas son en gran medida las mejores formas de sonido relajante para un sueño óptimo. Cada vez que sale este tema de conversación con los amigos, les pregunto qué disfrutan ellos. Encontrar a alguien al que le guste un sonido oscuro como *las ranas por la noche* siempre me sorprende. No logro entender por qué querría alguien dormir escuchando el croar de múltiples ranas en una habitación. Tal vez sea cosa mía, pero me parece absurdo. No es que odie a esos batracios. Desde luego no nos asustan. Sencillamente, no me llevo bien con ellos, sobre todo cuando estoy en la cama.

Eso es irracional, Clay. Crece de una vez.

No, no soy irracional. Hace unos cuantos meses, abandonaba mi casa temprano por la mañana como de costumbre. Estaba oscuro, y al poner un pie en la terraza trasera, una rana saltó de la nada y aterrizó justo encima de mí. Como lo oye. Justo sobre mí. No es agradable. Me sentí atacado. Y desde entonces vivo en una guerra no declarada contra los anfibios en general. Hicimos un acuerdo que funcionó. Sencillamente no nos molestaríamos entre nosotros. Sin embargo, es evidente que en algún lugar hubo una equivocación y todavía no lo he superado.

De modo que dormir escuchando un coro de ranas que resuena por todo mi dormitorio es algo que raya en la locura.

De todas formas, volvamos a la idea del ruido blanco.

Me encanta el concepto de ruido blanco. Y una gran razón es porque tenemos cinco niños pequeños, y mi esposa y yo necesitamos del ruido blanco para dormir. En realidad, no conseguimos hacerlo sin él. Y hemos acostumbrado a nuestros hijos a dormir del mismo modo. Resulta muy gracioso cuando nuestro hijo de dos años me hace volver al dormitorio con un grito frenético, solo para hacerme saber con el más precioso de los ceceos: «Papi, no *haz* encendido mi máquina de *zonido*». Por favor, no crezca nunca.

Y usted podría preguntarse: «Pero, Clay, ¿no te preocupa que con tanto ruido blanco pueda ocurrir algo por la noche y tú no te enteres?». Buena pregunta. Absolutamente no. Y es que en realidad esa es la idea. No *quiero* que me despierte una tos aleatoria, un niño que habla cuando duerme o alguien que necesite un sorbo de agua en mitad de la noche.

El ruido blanco es una herramienta eficaz para enmascarar el sonido. Crea un murmullo de relajante distracción que cubre los ruidos que no quieres escuchar. Por lo general se usa en las consultas médicas, los centros de asesoramiento y las escuelas. En nuestro edificio de oficinas emitimos un ruido blanco ambiental, ya que las personas que trabajan en los cubículos necesitan en ocasiones mantener conversaciones privadas con nuestros pastores. Cuando estas tienen que desarrollarse en privado y los muros o las divisiones no son lo suficientemente gruesos como para aislarlos, un poco de ruido blanco ayuda muchísimo a cubrir lo que las personas están comentando para que sea confidencial. El débil zumbido constante del ruido blanco es casi imperceptible, pero cumple con su cometido. *Enmascara* los sonidos que no queremos oír ni que otros escuchen.

El ruido blanco ha sido una metáfora útil para que entendiera mejor el poder y el peligro de las distracciones. Mientras escribo este capítulo estoy sentado en un avión intentando enfocar mis pensamientos aunque me rodean miles de sonidos aleatorios. Hay sorbidos de nariz, tos, el llanto de un bebé y la voz de un piloto que de vez en cuando nos anuncia que está disfrutando de su mañana. Todas estas son distracciones que no necesito en estos momentos. El ruido blanco de la música que oigo por mis auriculares es una elección estratégica, la cual me proporciona el enmascaramiento de los sonidos que no deseo escuchar.

Piense en esto. Uso *ruido* a fin de cubrir las cosas que me distraen.

Algo importante subyace a este planteamiento para tratar con las distracciones. En un sentido más amplio, creo que la mayoría de nosotros estamos usando alguna forma de ruido blanco para ocuparnos de las distracciones en nuestras vidas. Así como mi esposa y yo confiamos en nuestra máquina de ruido blanco para tener una buena noche de sueño, este mundo de distracciones en el que vivimos está lleno de personas que cubren y afrontan los sonidos, y todo ello para experimentar algún pequeño grado de paz y descanso.

Tristemente, esta solución —aunque eficaz— puede conducir a un problema incluso más profundo.

DEMASIADO SONIDO O NINGUNO

A diario utilizamos alguna forma de ruido blanco. Está a nuestro alrededor. Y no estoy hablando de una máquina literal de ruido; estoy pensando en la multitud de cosas que hacemos para evitar el ataque de las distracciones en nuestra vida. A continuación menciono las tres cosas que casi siempre son ciertas con respecto al ruido blanco que nos afecta:

1. Enmascara algo.
2. Es constante.
3. Es imperceptible.

Dondequiera que usted se encuentre ahora mismo, deténgase y pruebe a hacer este pequeño experimento. Intente entrar en un lugar donde reine el mayor silencio posible. Los científicos nos indican que la mayoría de las personas consideran que treinta decibelios es un nivel de sonido confortable. Siéntese callado y preste atención a lo que pueda escuchar. Le garantizo que seguirá percibiendo algo, ya sea el zumbido del aire acondicionado, el tráfico exterior, el canto de los pájaros o la brisa que sopla a través de los árboles. Siempre hay algún ruido en nuestra vida. En ocasiones todo es relativamente tranquilo; otras veces los sonidos son a todo volumen y molestos. No obstante, siempre hay algo que percibir. Es imposible vivir sin ruido alguno. En realidad, a los seres humanos les resulta difícil existir cuando todos los sonidos han desaparecido por completo. Por tanto, tal vez usted no quiera bajar del *todo* el volumen.

La habitación más silenciosa del mundo se encuentra en los Laboratorios Orfield, en Minneapolis, y es tanto el silencio que lo único que se escucha son los órganos propios realizando su función: el latido del corazón, la respiración de los pulmones. Si se queda en esa cámara anecoica el tiempo suficiente, es posible que la profundidad del silencio pueda provocar que empiece a alucinar. El máximo periodo de tiempo que ha pasado alguien en dicha habitación es de cuarenta y cinco minutos. Esta forma de confinamiento solitario es lo bastante poderosa como para quebrar al más fuerte de los hombres,[2] hasta a Lincoln Burrows de la serie televisiva *Prison Break*.

Si los seres humanos necesitan algún ruido en su vida para funcionar de un modo saludable, la siguiente pregunta sería: ¿Cuánto es saludable y cuánto es demasiado? Esta es una de las razones por las que me fascina el ruido blanco. Baje mucho el volumen y empezará a arrancarse los pelos de las cejas, porque todos los demás ruidos que distraen la atención se amplificarán. Sin embargo, no lo reduzca nunca y se podría perder algo que de verdad *necesite* su interés. Si mi esposa y yo tenemos el volumen de nuestra máquina de ruido demasiado alto por la noche, podríamos no despertarnos con la alarma de humo o el llanto de un niño durante una emergencia genuina. Por útil que pueda ser el ruido blanco, este no hace distinciones y bloquea *todos* los sonidos, incluso aquellos que podríamos querer escuchar.

Y he aquí otra cosa que necesita saber sobre el ruido blanco: es constante; siempre está ahí. Y es imperceptible; a menos que se detenga a prestarle atención, jamás lo notará. Esto es lo que hace que sea tan eficaz a la hora de enmascarar.

Una vieja canción que durante un tiempo fue popular podría ayudarnos a entender mejor esta realidad. Aprecio cómo lo describió Twenty One Pilots, la banda de Columbus, Ohio, en su canción «Car Radio». No puedo convertir este libro en una de esas tarjetas de felicitación musicales sin inflar el precio, así que la letra sin música será como un poema de amor mediocre escrito por un adolescente, pero cuando la escuchamos nos asesta un puñetazo muy potente. Intente buscar la canción en YouTube para que la oiga.

El argumento subyacente a la canción es que a un tipo le roban la radio de su auto y ahora siente su mente atascada, porque ha desaparecido el ruido que solía percibir cuando conducía. El silencio que experimenta cada vez que está en el auto lo obliga a luchar contra los temores que han permanecido latentes en su interior todo este tiempo. Él comprueba cómo el sonido de la radio los ha enmascarado, pero ahora reconoce: *Esta vez no hay sonido tras el cual esconderse.* Ahora, en el silencio, piensa cosas que intenta ignorar: *¡Vaya! Desconozco si sabemos por qué estamos aquí.* Y al final, no se siente cómodo sin el ruido. Quiere que el efecto encubridor de la música lo ayude a dejar de pensar en las preguntas más profundas que quiere evitar: *¡Cielo santo! Es demasiado intenso, por favor deja de pensar, prefería cómo era todo cuando mi auto tenía sonido.*

Me encanta el sencillo poder de la música para revelar la verdad. Y espero que usted haya empezado a ver que mi verdadero interés en este libro no es darle consejos para que silencie las notificaciones en su teléfono, o sugerencias para agilizar su horario y que sea más productivo. Ya se han escrito, y se siguen escribiendo, buenos libros que pueden ayudarlo a establecer límites en su uso de la tecnología y las redes sociales.

El tema de este libro es otro, algo por debajo y detrás de todo eso. Tiene que ver con el «ruido» en nuestra vida, las cosas que hace para ocultar sus deseos y emociones. En la canción de Twenty One Pilots, la radio servía para este propósito, enmascaraba el temor subyacente que este hombre sentía en su interior. Sin embargo, nuestras herramientas encubridoras no son la música y las redes sociales solamente. Como hemos visto en el caso de nuestras distracciones, también pueden serlo cosas buenas que nos apartan de lo más importante en nuestra vida. Los detalles serán únicamente suyos, pero lo que no es exclusivo para cualquiera de nosotros es esta tentación a ocultar lo que está sucediendo en nuestro interior.

De esto precisamente trata este libro en realidad. El verdadero peligro de vivir en un mundo de distracciones constantes no reside en las distracciones mismas. Este se halla en las cosas que utilizamos para bloquearlas, porque nuestros intentos por enmascarar y ocultar pueden impedir que sepamos quiénes somos en realidad. Este mundo está lleno de personas que se han vuelto adeptas a recurrir al ruido blanco para llevar una vida de éxito.

Sin embargo, cuando ese ruido ha desparecido, descubren que están solas con un extraño. Desconocen quiénes son, por qué actúan como lo hacen o, lo más importante, por qué se sienten así.

CONTROL AUTOMÁTICO DEL VOLUMEN

Lo que tal vez no entienda es que usted tiene el control sobre todo esto. Sus dedos están sobre el mando de esa máquina de ruido blanco de su vida. Todos lo tenemos. Cuando sus circunstancias son estresantes y se enfrenta a la distracción constante, siente la tentación de aumentar el volumen. Cuando la angustia se apodera

Sus dedos

están sobre el

mando de esa

máquina de

ruido blanco

de su vida.

de usted, lo incrementa. Cuando el temor empieza a aflorar, lo más fácil es recurrir al ruido en busca de ayuda. El sonido enmascara cualquier cosa que usted no quiere sentir. Esta tentación a aumentar el volumen se ha engranado tan profundamente en nosotros que apenas es una decisión consciente. Se ha convertido en algo automático.

Lo que necesitamos es un creciente conocimiento de nosotros mismos. Para desarrollarse y llegar a ser el líder que quiere ser, para convertirse en el amigo, el esposo o el colaborador que tiene una influencia saludable sobre los que le rodean, debe aprender a prestarle atención a ese botón del volumen.

Hace unos cuantos años, los fabricantes de automóviles empezaron a integrar el control automático de volumen (CAV) para mantener una constante relación entre señal y ruido dentro del vehículo. Ya sea que su vehículo cuente con este elemento o no, es probable que haya vivido la experiencia de viajar en un auto que sí lo tenga. ¡Es fantástico! Cuando el auto está en un espacio abierto en la autopista, o usted está conduciendo por la interestatal, el volumen del estéreo aumenta. Del mismo modo, cuando el vehículo se detiene en un semáforo, el volumen dentro del auto disminuye. El control automático del volumen se ajusta en base a los ruidos que nos rodean.

Si no presta atención, descubrirá que ha estado condicionado a actuar del mismo modo momento a momento. Cuando el estrés o el temor en su interior son particularmente fuertes, encenderá el volumen para sofocar el ruido de su entorno. ¿Cómo se ve esto? Para algunos, es más probable que acudan a las redes sociales, encuentren una temporada en Netflix con la que hacer una maratón, o peor aún, recurran a formas de ruido más peligrosas. Debido a la abundancia de distracciones en nuestro mundo actual, cuando empezamos a sentir que algo no va bien o que nuestras necesidades emocionales subyacentes no se están satisfaciendo al cien por ciento, estamos programados para usar el control automático del volumen.

ENCUENTRE SU BOTÓN DEL VOLUMEN

Todos tenemos nuestros propios ruidos blancos, una diversidad de mecanismos de defensa que usamos para bloquear las distracciones en nuestra vida. Sin embargo, ese ruido blanco también obstaculiza las emociones que preferiríamos no sentir. Y esto puede ser peligroso... y malsano. Cuando nos sentimos abrumados, asustados, deprimidos o desalentados, giramos el dial de nuestro ruido blanco. Esto no solo nos ayuda a evitar las distracciones externas, sino que enmudece la voz interna que nos indica cómo estamos.

Hasta llegar a mis años universitarios, la escuela fue bastante fácil. Prestaba atención en clase, me reunía con algunos amigos a fin de estudiar para los exámenes, resolvía unos cuantos problemas, escribía unas pocas frases, y mis calificaciones eran A y B. Sin embargo, la universidad fue otra historia. Me estaba especializando en ingeniería industrial, y no tardé en darme cuenta de que esto superaba con creces mi capacidad. Podría haber cambiado a una carrera distinta que encajara mejor con mi personalidad y el conjunto de mis aptitudes, pero era demasiado terco para cambiar.

Cuando se acercaba el final de mi período en el Instituto de Tecnología de Georgia, estaba teniendo problemas para cumplir con los requisitos de matriculación. Luchaba por dominar algunas clases. Me gusta decir que decidí tomarlas varias veces... solo para asegurarme de entender de verdad el material. Llegado a ese punto, sabía que no iba a cursar una carrera de ingeniería, ya que planeaba asistir a la escuela de postgrado y estudiar teología, de manera que concerté una reunión con la secretaria general para ver si me permitía evadir algunas clases que no quería cursar.

Jamás olvidaré aquella entrevista. Supe de inmediato que ella era una fanática de los gatos. Le encantaban a más no poder. ¿Conoce usted a alguien así? Ellos siempre me fascinan, porque para alcanzar una fuerte conexión con los felinos es necesario ser una cierta clase de persona. Esta mujer tenía cuadros de gatos por todo su despacho.

Decidí ir directo al grano.

«Señora, voy a ser sincero con usted. Ni siquiera estoy buscando empleo en el campo de la ingeniería, porque pretendo ingresar a la escuela de postgrado para estudiar teología. Hagamos un trato con respecto a este título de ingeniero. Si promete concedérmelo, yo le doy mi palabra de no usarlo jamás».

Era el día oportuno. Ella me hizo el favor.

El tiempo que pasé en el Instituto de Tecnología de Georgia fue un reto, pero estaba decidido a superarlo. Y por desgracia, eso fue exactamente lo que hice. Durante aquellos años, me cerré y enfoqué para poder hacer lo necesario y salir de allí. No fui el único. Me he dado cuenta de que los antiguos alumnos del Instituto de Tecnología de Georgia no preguntan: «¿Cuándo *te graduaste?*», sino «¿Cuándo *saliste?*». Es una escuela desafiante para la mayoría de los estudiantes. Casi acaba conmigo.

Estudiar fue siempre una lucha, porque desenterró emociones que yo habría preferido evitar. Cuando me sentaba para revisar algo, era todo sentimientos, como Drake en su canción *In my feelings*. «Keke, ¿me amas?».

Siempre me sentí incompetente. Inferior. Inadecuado.

De modo que durante todos esos años intenté concentrarme, eliminando las distracciones externas e internas manteniendo mis dedos en el dial, preparado para encender el ruido blanco cuando fuera necesario.

- Escribía un mensaje a un puñado de amigos para ver qué más ocurría.
- Volvía a formatear mi computadora.
- Organizaba mi calendario.
- Realizaba el balance de mi chequera (¿recuerda ese exceso del pasado?).

Sinceramente, hacía cualquier cosa para apartar de mi mente la sensación que me *producía* estudiar. Quería que algo enmascarara lo que sucedía en mi interior, de modo que buscaba algún ruido que disminuyera el volumen hasta un nivel manejable.

Cuando *dentro* de nosotros grita algo que nos disgusta, siempre hallamos algo *fuera* —una distracción externa— y lo ponemos en marcha. Y funciona. Ese sonido exterior nos distrae durante algún tiempo. Enmudece la agitación interior, las emociones incómodas, el dolor, lo inadecuado, el malestar, los recuerdos. Oculta cualquier cosa que no queremos sentir o experimentar.

Y hoy existen más opciones que nunca para el ruido blanco.

Mi tiempo en el Instituto de Tecnología de Georgia duró hasta justo antes de nuestra era presente de redes sociales. La Wi-Fi se estaba instalando en nuestros edificios, y todavía quedaban unos años para tener teléfonos inteligentes. En aquel tiempo, se podía encontrar un lugar silencioso en la biblioteca y evitar las distracciones. Sin embargo, hoy las cosas son distintas. Las distracciones nos acompañan siempre. Y el ruido blanco que usamos para encubrir cómo nos sentimos también está presente. En la actualidad, el ruido es mucho mayor que nunca. Y cada vez es más alto.

EL PELIGRO DEL RUIDO

¿Estamos de acuerdo en que la distracción del ruido blanco está causando un problema? Espero que sí. En ese caso, tal vez se esté preguntando: «Bueno, ¿cuáles son las implicaciones de estar demasiado distraído y dejar sistemáticamente de mostrar interés por las cosas importantes de nuestro interior que gritan reclamando nuestra atención?».

Buena pregunta, amigo mío. Me alegra que me la haga. Permítame primero contarle una anécdota casual que captó recientemente mi interés, porque pienso que ilustrará lo que puede suceder si se desarrollara este escenario.

En el otoño del 2016, los Estados Unidos se quedaron boquiabiertos ante los resultados de la elección presidencial. Casi todos los sondeos preliminares habían dado por sentada la victoria de Hillary Rodham Clinton sobre Donald J. Trump, pero el sorprendente recuento de votos dejó perplejos a ambos extremos del espectro político. Muchos estaban entusiasmados y otros completamente devastados. No quiero arriesgarme a perderlo a usted a partir de este momento, de modo que no voy a soltar aquí un elogio ni un comentario político.

En los días siguientes, recuerdo haber leído titulares como este: «**Profesores cancelan clases en respuesta a los "impactantes" resultados electorales**».

Perdón, ¿qué me está contando? Esto no tenía sentido para mí. ¿Qué tienen que ver los resultados de las elecciones con mi inminente examen de física? A continuación un extracto:

Debido a la impactante victoria presidencial de Donald Trump, varios profesores de Cornell de todos los departamentos anularon las clases del miércoles, alegando angustia personal y preocupación por el bienestar emocional de los estudiantes. La profesora Jane-Marie Law, de la asignatura Estudios sobre Asia, Medio Oriente y religión, afirmó que cancelaba su conferencia «Introducción a Japón y la religión», porque estaba «tan disgustada y preocupada que podría derrumbarse pensando en el movimiento tan peligroso realizado por el electorado estadounidense —la mitad del mismo— la noche anterior».[3]

No quiero, ni mucho menos, restarle importancia a la angustia emocional causada por los resultados de las elecciones para muchos estudiantes y profesores. Todos estaban en medio de una conmoción y no todos estaban en paz con respecto a los resultados. No obstante, yo no podía entender que las urnas tuvieran algo que ver con anular las clases. Para mí, las cosas no funcionaban así en la universidad. Un profesor universitario no se habría compadecido si le hubiera enviado un correo electrónico para comentarle: «No creo estar en condiciones de hacer el examen mañana, ya que me siento abrumado por mis emociones; sencillamente no *puedo*». Casi con toda seguridad, hubiese recibido una respuesta como esta: «Sr. Scroggins, lamento mucho cómo se *siente*. Mañana haremos el examen, y si usted no está presente, *sentiré* que usted no apruebe esta asignatura».

Tal vez los resultados electorales sean la excepción a la norma. Sin embargo, me preocupa que una respuesta como la de anular las clases sea más probablemente una indicación de cómo estamos enseñando a los adultos emergentes a tratar con sus sentimientos y emociones. ¿Es bueno saber cómo se siente usted? ¡Por supuesto!

No obstante, ¿significa esto que nuestras emociones deberían controlar nuestra vida? Hace poco hablé con un adulto incipiente que me señaló: «Nunca aprendí cómo tratar con mis emociones. En mi adolescencia, me tragaba mis sentimientos. En la universidad, los ahogaba en alcohol. Ahora tengo veintitantos años y he llorado hasta tener los ojos enrojecidos y ardiendo, porque no sé qué hacer con ellos».

Entre los dos extremos de enmascarar las emociones, como yo hice en el Instituto Tecnológico de Georgia, o darles rienda suelta para que controlen nuestra vida, existe una forma saludable de escuchar lo que está sucediendo y guiarnos a nosotros mismos para avanzar.

Si pensamos que la respuesta a nuestras emociones es anular la clase, correr a las redes sociales o usar herramientas para esconder y evitar lo que está en nuestro interior, no es de sorprender que consigamos los resultados que estamos viendo. Como le gusta decir a uno de mis mentores: «Tu sistema está perfectamente diseñado para los resultados que estás logrando».[4]

TODOS CONSIGUEN UN TROFEO

Cuando era niño, me llenaron de reafirmaciones positivas y estímulos. Al llegar a la adolescencia, los trofeos de participación eran cada vez más populares. Y el flujo de mantras de autoconfirmación fue cobrando velocidad.

Simplemente hazlo.

Apunta a la luna. Si fallas, aterrizarás en las estrellas.

El mejor regalo que puedes hacerle al mundo eres tú mismo.

Tristemente, estas reafirmaciones positivas no bastaban. Hasta las palabras de motivación pueden ser una herramienta de enmascaramiento que nos impide afrontar la verdad sobre nosotros mismos. Si la afirmación no es a la vez amorosa y sincera, puede hacer que nos sintamos peor por dentro. Con todos los mensajes positivos que les estamos proporcionando a nuestros hijos, cabría pensar que nuestro mundo estaría lleno de adultos seguros, confiados y saludables. No es del todo así. Al contrario, nuestro mundo está lleno de adultos rebosantes de confianza y paralizados por la inseguridad.

La reafirmación positiva puede ser otra forma de ruido blanco. La misma silencia y enmascara lo verdadero, y hasta puede impedir que nos contemplemos con sinceridad. Aprendemos a reafirmar sin evaluar. Al igual que encender la máquina de ruido blanco mientras la alarma de incendio le indica que la casa está ardiendo a su alrededor, esta es una costumbre peligrosa. «La autoafirmación —al margen de una autoevaluación— es el comienzo del autoengaño y el final del desarrollo personal».[5]

Si nos reafirmamos a nosotros mismos sin hacer una autoevaluación sincera y profunda, acabamos aplazando nuestras emociones no procesadas hasta el futuro. Cada vez que no somos capaces de lidiar con ellas, se enconan. Aquello mismo que nos atrae al ruido blanco —la capacidad de silenciar y enmascarar las emociones a las que no nos queremos enfrentar— puede conducirnos a hábitos de evitación que acaban paralizándonos y atrofiando nuestro crecimiento emocional.

O aprende a lidiar con sus emociones o serán ellas quienes lo manipulen a usted.

Cuando usted no quiere tratar con lo que hay en su interior, girará el botón del volumen para que el ruido que le rodea sea cada vez más alto. O aprende a lidiar con sus emociones o serán ellas quienes lo manipulen a usted.

Calmarse, ¿para qué?

Sus emociones son demasiado importantes como para ahogarlas, evitarlas o negarlas. Y es más que probable que usted y yo lo estemos haciendo de algún modo en este preciso instante. Mientras más tiempo permanezcan desatendidas sus emociones, más devastadoras serán sus consecuencias. Convertirse en una persona saludable exige que usted se ocupe de ellas. Y solo podrá hacerlo si es consciente de que existen.

Desde el año 2014, la canción de gran éxito «Turn Down for What» [Calmarse, ¿para qué?] se puede escuchar en cada club, cada vestidor, cada dormitorio y en mi auto de forma repetitiva. DJ Snake y Lil John nos confrontan con una pregunta existencial del más alto nivel al inquirir si algo haría que redujéramos el ritmo y no apareciéramos. Para Snake y Lil John, «aparecerse» es mucho más que hacer un sencillo acto de presencia. Significa llegar con energía, pasión y «goteando» (gracias, Migos).[6] Estoy a favor de la excelencia. Estoy de acuerdo; necesitamos personas que estén dispuestas a liderar con pasión, que no den un paso atrás ni se escondan. No obstante, espero que usted vea que no basta con aumentar el volumen del ruido en su vida. No estamos buscando más entusiasmo ni personas que se esfuercen más. No queremos enmascarar lo que está sucediendo en nuestro interior.

De modo que la respuesta no es aumentar el ritmo y llevar las cosas al máximo. Antes de poder liderar con pasión, es necesario que apaguemos el ruido. Tenemos que encontrar espacio y calmarnos para aprender a escuchar, prestar oído a lo que se dice dentro de nosotros, donde hay dolor, donde se encuentran los temores, donde están los sueños y las esperanzas que jamás hemos verbalizado.

Ser una mejor versión de usted mismo exige que ahogue el ruido. El usted futuro, su futura esposa, sus futuros hijos, las futuras personas a las que espera dirigir, todos ellos exigen que apague el ruido.

Permítame expresarlo de la forma más simple posible. He aquí tres pasos para sofocar el sonido en su vida:

1. Póngale nombre a su ruido.
2. Experimente con su ruido.
3. Preste oído a lo que sucede por ahí.

Póngale nombre a su ruido

Mientras he compartido estos conceptos con líderes emergentes y distintas organizaciones, les he pedido a millares de personas que les pongan nombre a las formas más comunes de ruido blanco en sus vidas. Siempre me asombran lo similares que son las respuestas, independientemente de la audiencia. Ya sea que se trate de un grupo conformado por líderes de negocio, líderes de la iglesia, padres de adolescentes o hasta estudiantes universitarios, las contestaciones más comunes son las mismas:

- El trabajo
- La televisión
- La radio
- Las noticias
- Los *podcasts*
- El ejercicio

- El alcohol
- Comer
- Ir de compras

La lista sigue y sigue. Ofrezco esto como un punto de partida para motivar alguna reflexión sobre su propia vida. ¿Es usted capaz de identificar su forma más común de ruido? La verdad es que cada uno de nosotros tiene los dedos sobre el botón del volumen. Todos tenemos algo que nos sirve para enmascarar las distracciones en nuestra vida, tanto de forma externa como interna. ¿Cuál es ese ruido blanco para usted? ¿De qué se sirve para evitar las distracciones, ese ruido blanco que parece ayudar y hasta puede ofrecerle la promesa de una buena noche de descanso, pero que también le está impidiendo percibir los demás sonidos que necesita escuchar ahora mismo? Hasta no determinar cuál es, no puede apagarlo.

Algunas formas de ruido son incluso más específicas para aquellos que se identifican a sí mismos como líderes. En el siguiente capítulo consideraremos tres de las distracciones más habituales en el liderazgo y cómo los que dirigen recurren al ruido blanco de sus vidas para eludir estas distracciones. Sin embargo, por ahora quiero que visualice sus dedos sobre ese botón del volumen. Piense en lo que hace cuando la vida es una locura y las distracciones lo abruman. ¿Cómo es, en su caso, cuando usted enciende ese ruido? O piense en ello de esta forma: ¿Qué está enmascarando la voz interior en su cabeza? ¿Qué está silenciando su voz interna?

Experimente con su ruido

Observe. Elabore hipótesis. Cambie una variable. Pruebe. Repita.

El proceso que acabo de resumir se conoce como el método científico. Y aunque primero lo aprendí en mis clases de ciencia, a lo largo de los años lo he ido apreciando cada vez más como método de aprendizaje en todas las cuestiones de la vida. Aun cuando por lo general se considera que Francis Bacon es el autor de este método, muchos otros como Copérnico, Galileo y Newton siguieron este proceso, y al hacerlo moldearon extraordinariamente nuestra forma de descubrir y aprender. Se percate de ello o no, es probable que usted use el método científico cada día.

> **El autoliderazgo exige que sepa más sobre usted mismo que ninguna otra persona.**

Observe: *Mi lámpara no está funcionando.*

Elabore hipótesis: *Debería funcionar.*

Cambie una variable: *La enchufaré a otra toma de corriente para probar la fuente de electricidad.*

Pruebe: *Encendámosla, y si este no funciona, probemos otro enchufe.*

Observe: *Sigue sin funcionar.*

El autoliderazgo exige que sepa más sobre usted mismo que ninguna otra persona. Necesita un doctorado en filosofía con respecto a usted, y con el fin de llegar a estar bien versado en los pormenores de sí mismo, precisa observar y entender las distracciones y los ruidos de su vida. Es necesario que aprenda a emplear el método científico.

Mi esposa es una experta en esto. Ella se conoce muy bien a sí misma y siempre está aprendiendo más, creciendo en autoconciencia. Cuando estábamos saliendo juntos, estaba bastante convencido de que ella era mejor persona que yo, pero ahora, tras doce años de matrimonio, estoy del todo convencido de que esto es así, y de que mucho de ello se debe al trabajo realizado para conocerse y entenderse a sí misma. Al principio de cada mes, practica una disciplina en la que elige algo y deja de hacerlo temporalmente durante ese mes. Ella hace una pausa, observa las cosas que está haciendo en la actualidad, decide si puede dejar de hacer algo, y después cambia esa variable. La suprime. La abandona. Está experimentando con el ruido.

¿Cómo sería dejar de realizar compras personales durante un mes, ya sea que se trate de nuevos cojines para el sofá, otra sudadera con capucha, o un libro más que probablemente no leerá jamás? ¿Y si dejara de comer postre durante un mes? Ella se conoce lo bastante bien como para entender que jamás tendrá la respuesta a esta pregunta a menos que se obligue a intentarlo. Es realmente sencillo. Apague el sonido, anule el mecanismo enmascarador y escuche qué hay cuando este ha desaparecido.

Al principio del mes ella hace su elección y siempre me pregunta si quiero acompañarla en el juego. Nueve de cada diez veces respondo: «No, gracias». Y sin juzgarme, inicia su experimento y demuestra que es la mejor persona en nuestro matrimonio.

¿Qué me dice de usted? ¿Con qué puede experimentar? ¿Tenemos la suficiente amistad como para que le formule unas cuantas preguntas?

1. ¿Qué cree que se ha convertido en una costumbre para usted?
2. ¿Qué dirían los demás que se ha convertido en una distracción para usted?
3. Cuando está estresado, angustiado, temeroso o apático, ¿adónde va —qué hace— para escapar a esos sentimientos?

Sus mayores fuentes de contaminación acústica se encuentran cerca de las respuestas a estas preguntas. Si le cuesta descubrir cuáles son, pregúntele a alguien más. Le garantizo que sus hijos, sus compañeros de habitación, sus colaboradores y sus personas más allegadas tendrán todos una mejor idea de cuáles podrían ser esas cosas. Si todavía no se le ocurre nada, le ruego que intente lo siguiente:

- Guarde su teléfono en un cajón durante una hora al día.
- No toque su computadora el domingo.
- Pase una semana sin hacer ninguna compra personal vía Internet.

Si estos intentos iniciales le parecen útiles, puede avanzar hasta el *nivel ninja* como mi esposa e intentar abandonar algo durante todo un mes. Sin embargo, tal vez no sea capaz de empezar por ahí.

Esta es la cuestión: *no tiene que dejarlo para siempre*. Solo le estoy pidiendo que le ponga nombre y que lo abandone durante un tiempo. Observe. Elabore hipótesis. Cambie una variable. Pruebe. Repita.

Preste oído a lo que sucede por ahí

Detrás de todo esto hay un porqué. No se trata de un simple ejercicio aleatorio. Usted está aprendiendo a identificar cuál podría ser su ruido blanco particular, pero hay mucho más que eso. Está dando pasos de bebé en lo que respecta a enseñarse a ser un estudiante de sí mismo. Está aprendiendo cómo autoevaluarse.

Uno de mis profesores favoritos en la escuela de postgrado era el Dr. Howard, que solía afirmar todo el tiempo: «La experiencia sola no es útil. La experiencia evaluada es lo que cuenta». Cuando usted baja el volumen del ruido lo suficiente y durante bastante tiempo, se regala a sí mismo el don del silencio. Y en esa quietud, es preciso que escuche.

Sus emociones son mensajeros. Están intentando señalarle algo.

El Halloween pasado mi esposa me comentó que iba a tomar un respiro de todas las redes sociales durante el mes de noviembre, y algo dentro de mí me aconsejó: *Probablemente tú deberías hacerlo también.* Y así fue. Durante ese mes, aprendí unas cuantas cosas sobre mí mismo.

Primero, aprendí que tengo el poder de responder que no. Fue tremendo. Y tal vez sea algo que usted necesite experimentar también. No me considero alguien con mucho autocontrol o fuerza de voluntad. Sin embargo, antes de poder modificar algo, debemos creer que el cambio es *posible.* Por absurdo que pudiera sonar, los sentimientos positivos que experimenté al estar sin las redes sociales durante un mes resultaron muy alentadores para mí. Esas emociones positivas reforzaron mi sentido del compromiso y me mostraron que podía escoger una meta, ceñirme a ella y lograr el objetivo. Este entendimiento en sí mismo me ayudó a ver que algunas emociones negativas ya se habían fortalecido y convertido en creencias. Aprendí que en mi subconsciente creía las mentiras que me repetían que no era capaz o lo bastante disciplinado para renunciar a un hábito. El simple hecho de intentarlo durante un mes me demostró que podía elegir serlo. Usted no debe perdérselo. Todo empieza con ese primer paso.

Segundo, entendí que las redes sociales me estaban agotando. Esta fue una de las cosas más sorprendentes. Alejarme durante un mes de algo que había hecho a diario, múltiples veces al día, me hizo caer en la cuenta de lo agotador que había llegado a ser. Esto estaba drenando mi energía, y me dejaba mental, emocional y hasta físicamente cansado. Había transcurrido una semana del mes de noviembre cuando mi esposa y yo acordamos que era algo que no íbamos a extrañar. No resultó ser un sacrificio para mí. En realidad disfrutamos de apartarnos de las redes sociales. Yo no había comprendido de forma consciente la sutil presión que había sentido en lo que concernía a publicar sobre mi vida y mantenerme al día con la actividad hasta que no dejé de hacerlo cada día. No sabía lo refrescante que era no sentirse así. Por supuesto, la tentación constante de compararnos con los demás sigue siendo muy real. Alejarse de las redes sociales no hace que desaparezcan. En cualquier caso, esto me ayudó a ver cómo gran parte de mi tiempo y mi energía habían estado al servicio de ese deseo. Y aunque apartarme disminuyó la tentación, sabía que seguían ahí, y esto me condujo a mi tercer descubrimiento.

Tercero, me di cuenta de que las redes sociales no eran el problema. Desde luego que son *un* problema, pero no *el* problema. Si usted me hubiera preguntado antes de tomarme este receso cuál era el ruido blanco en mi vida, podría haber mencionado ser adicto a navegar sin propósito por Instagram y Twitter. Sin embargo, resulta que mi adicción percibida a las redes sociales no era tan mala como yo pensaba. No me costó tanto dejarla.

Sin embargo, esto abrió mis ojos a mi verdadero dilema. Verá, utilicé el tiempo que estaba malgastando en las redes sociales para hacer otras cosas en mi teléfono.

- Comprobé el clima con mucha más frecuencia. *Interesante. Mañana el punto de condensación será más alto.*

- Compré en línea de manera aleatoria con mayor frecuencia. *¡Oh, vaya! ¡Costco tiene Instapots rebajados!*
- Leí más artículos en mi navegador. *«Seiscientos Papá Noel forman un gran revuelo en Cocoa Beach».*[7] (Esto es una noticia real).

La cuestión era que estaba eliminando una forma de ruido blanco, pero la estaba sustituyendo por otra. La buena noticia fue que me encontraba un paso más cerca de entenderlo y ahora podría hacer algo al respecto.

Se trató de un ejercicio sencillo, algo que cualquiera puede hacer. Y aunque no quiero cambiar su vida, es un paso en la dirección correcta. Recuerde, dentro de usted hay emociones de las que no se ocupará hasta ser consciente de ellas. Y no puede detectarlas si el ruido de su vida es tan alto que no es capaz de escucharlas. De modo que tiene que comenzar por alguna parte. Elija algo, algún ruido blanco que esté utilizando para enmascarar las distracciones en su vida, interna y externamente. Apáguelo. A continuación, preste oído a lo que sucede por ahí.

Platón declaró en una ocasión: «No merece la pena vivir una vida no examinada». No estoy seguro de llegar tan lejos. Pienso que la vida sigue siendo bastante buena aunque no seamos siempre conscientes de nosotros mismos al cien por ciento. Sin embargo, estoy de acuerdo con la idea general, y afirmo que aunque todavía mereciera la pena tener una vida no analizada, de no verificarla jamás no experimentaremos nada mejor de lo que tenemos ahora. No hay esperanza de mejora, y lo más probable es que empeoremos con el tiempo. Esto es del todo desalentador. Para examinar su vida debe aprender a ponerle nombre a su ruido, experimentar bajando el volumen, y entonces escuchar lo que queda en el silencio que sigue.

DEMASIADA LUZ

Las estadísticas son tristes. Al menos el cincuenta y cinco por ciento de la población del Reino Unido no puede ver la Vía Láctea cuando alza sus ojos al cielo nocturno.[8] Sus encantadoras ciudades británicas crean tanta luz que la espléndida colección de estrellas es prácticamente invisible para la mitad de las personas que habitan allí. Esto podría haber sido terriblemente trágico una generación atrás. De haber escrito hoy sus canciones, John, Paul, George y Ringo no habrían podido componer *Lucy in the Sky with Diamonds* [Lucy en el cielo con diamantes].

La contaminación lumínica se produce cuando altos niveles de luz originada por el ser humano alteran de manera fundamental las condiciones naturales.[9] Se ha señalado que esto compromete la salud, trastoca los ecosistemas y echa a perder el ambiente estético (como contemplar la Vía Láctea en el Reino Unido). En lugares donde se produce demasiada luz por la noche, nos perdemos la oportunidad de ver el resplandor natural de las estrellas.

Esto contrasta con mi primera visita a Wyoming. Jamás olvidaré haber levantado la vista al claro cielo de la noche, lejos de las ciudades y las luces artificiales, para ver realmente el brillo natural de las estrellas por primera vez en mi vida. La astronomía nunca ha sido algo en lo que haya pensado demasiado, pero aquel espectáculo grandioso dejó una huella indeleble en mí. Al igual que la primera ocasión en que visité la campiña amish de Pennsylvania, no podía evitar mirar ávido de curiosidad. Aquella noche las estrellas eran como de otro mundo. Las luces inferiores me habían cegado, y no había experimentado nunca algo tan maravillosa y asombrosamente luminoso.

De modo que esta es la pregunta tonta que le hago. *¿Son las estrellas de Wyoming en realidad más resplandecientes que las que usted podría contemplar en Nueva York, Beijing o Ciudad de México?* ¡Por supuesto que no! Son las mismas y su destello, que viaja a millones de años luz hasta llegar a nuestros ojos, también lo es. Sin embargo, a usted y a mí nos parecen más refulgentes cuando la contaminación —la interferencia— de otras luces disminuye. En lugares con poca o ninguna polución lumínica, como en Sedona, Arizona o en Fort Davis, Texas, o en Lake Powell, Utah, las estrellas no resplandecen más; sencillamente, usted y yo las vemos por fin tal como son en realidad.

Cuando eliminan la distorsión creada por otra luz, las estrellas parecen emitir mayor fulgor. Descarte dicha distorsión para ver con mayor claridad. Silencie el ruido para ganar claridad.

En el próximo capítulo seguiremos aprendiendo a apagar el ruido al identificarlo y ponerle nombre. Y consideraremos de forma particular lo que significa esto para los líderes. Los dirigentes tenemos distracciones únicas que luchan por captar nuestra atención, nuestro enfoque y nuestra alegría. Y si no tenemos cuidado, aquello mismo que necesitamos ver podría hallarse justo delante de nosotros, pero simplemente estamos demasiado cegados para verlo.

RESUMEN DEL CAPÍTULO

1. Conforme afloren los sentimientos, usted se sentirá tentado a encender alguna forma de ruido para evitar tratar con ellos.

2. Aumentar el ruido le impedirá ocuparse de lo que hay en su interior.

3. Mientras más dure el ruido y más alto sea, más tiempo estarán desatendidos sus sentimientos.

4. Evitar sus sentimientos atrofia su crecimiento emocional. La evitación de las emociones es costosa y complicada.

5. Apagar su ruido implica ponerle nombre, experimentar con él y escuchar lo que le rodea.

CAPÍTULO 3

LOS TRES VILLANOS DEL LIDERAZGO

El liderazgo involucra una dinámica interna-externa. Hemos considerado la tentación a la que todos nos enfrentamos de enmascarar y esconder las cosas que nos distraen usando distintas formas de ruido blanco. Y uno de los problemas con esto último —nuestras técnicas de control por defecto— es que al encender el ruido nos arriesgamos a perder la capacidad de escuchar lo que sucede dentro de nosotros. Entender este tipo de dinámica interna-externa es clave para convertirse en un líder que dirige a través de las distracciones y no como reacción a ellas. Para la mayoría de nosotros, el liderazgo sería muy fácil de no ser por esos factores externos alrededor de los cuales tenemos que navegar primero. ¡El capitán Obvio ataca de nuevo!

El peligro está en que ese liderazgo puede convertirse con facilidad en una batalla constante con los factores externos. Presupuestos. Calendario. Empleados. Jefes. Fuerzas y tendencias del mercado. El cambio tecnológico. La familia. Las facturas. La opinión pública. Es decir, piense en lo que ocupa la mayor parte de su día de trabajo. Usted asiste a una reunión tras otra a fin de resolver problemas o planificar para las eventualidades. Trabaja a la carrera para cumplir con un plazo. Vuelve a crear estrategias de mercadotecnia debido a un nuevo competidor en su sector, y sigue adelante para dirigir a través de la imprevisibilidad de los factores externos.

Los buenos líderes aprenden a lidiar muy bien con estos agentes exteriores. Un buen líder puede responder de forma eficaz incluso a los cambios externos más abruptos. No obstante, ahora viene lo bueno: los grandes líderes hacen mucho más que eso. Aprenden a enfocarse con atención en los factores internos que solo ellos pueden controlar. Los dirigentes que destacan del resto han aprendido a desconectarse de la distracción de los factores externos, no usando el ruido blanco, sino de una forma que los capacita para enfocarse mejor en lo que ocurre en el interior. No se trata del trabajo glamuroso de romper tablas o cortar pedazos de hielo, pero eso es lo que produce grandes líderes.

Si se toma un instante para pensar en las fuerzas internas que están bajo su control esperando ser aprovechadas y que se les dé un buen uso, descubrirá que la más poderosa de todas ellas es su mente, su capacidad de pensar. No estoy aludiendo al poder del pensamiento positivo; me refiero al poder de crear una visión específica para su futuro.

Andy Stanley describe la visión como «su futuro *preferido*». Si usted y yo estuviésemos sentados el uno frente al otro con una bebida en la mano y le preguntara: «¿Cómo es su futuro preferido?», ¿qué contestaría? Algunos de nosotros tememos la respuesta preparada y lista. Hemos estado soñando despiertos y en silencio con esto desde que nos sentamos por primera vez en un cubículo de oficina. Sin embargo, otros apenas han pensado en ello en detalle. Y no es porque no les importe, porque sé que sí. Entonces, ¿a qué se debe? Creo que es porque hemos malgastado la mayor parte de nuestra energía mental respondiendo al ruido y la distracción del momento presente. Tiene sentido. Hay mucho de eso. No obstante, cuando usted vive constantemente con la *mente en el presente*, seguirá funcionando en *modo presente*, y los años siguientes no se verán muy distintos a los ya transcurridos, independientemente de su nivel de rendimiento. Esa es la receta para la frustración extrema. Le aseguro que pintar un cuadro de su futuro preferido merece cada minuto que dedique a ello. Podría resultar útil que se tomara algún tiempo, se sentara con un trozo de papel y bosquejara algunos detalles de su visión personal. Hágalo en forma de lista, con viñetas. Dedique algún tiempo a preguntarse cómo quiere que sea su futura profesión; considere el nivel de libertad económica que espera lograr en el futuro; piense en la clase de salud relacional que le gustaría desarrollar. Existe algo poderoso con respecto a darle rienda suelta a su imaginación sobre este tipo de preguntas. Y cuando lo haga, cambiará de la *mente presente* a la *mente futura*, por lo que se catapultará al *modo futuro*.

En 1937, Napoleón Hill publicó el *best seller Piense y hágase rico*. Aunque Hill podía ser un tipo un tanto turbio en ocasiones, existe una buena razón por la que su libro demostró ser tremendamente popular e inspirador para muchos. Tras pasar tiempo con algunas de las personas más ricas y exitosas de la época, y habiendo logrado algún éxito propio de manera intermitente, dedicó tiempo a examinar los patrones del triunfo. Y lo que descubrió fue que aquellos que experimentaron un crecimiento personal extremo y una mejora mantuvieron fervientes expectativas para su futuro.

En otras palabras, cuando las personas tuvieron una visión excesivamente positiva de su yo futuro preferido, tendieron a *convertirse* en aquello que habían *visualizado*.

Imagine su yo futuro. Ese es el primer paso para ver aparecer a esa persona en su porvenir. Mejor aún, si puede aprender a apagar el ruido y desconectar las distracciones el tiempo suficiente, podría empezar a ver a esa persona asomarse en el presente.

EL EJE DE LA DISTRACCIÓN

Empecemos a ser específicos con respecto a estas distracciones, ¿le parece? Si vale la pena eliminarlas, también merecen recibir nombre.

Aunque las presiones externas y las fuentes de distracción en nuestra vida y nuestro liderazgo son innumerables, tres destacan de forma particular. Estas son las tres que tienen la mayor fuerza gravitatoria sobre la atención de los líderes. Decididamente tuve que luchar más con estas que con las demás. Juntas, las denomino el *eje de la distracción*.

La primera resulta muy grave por lo engañosa que es. Esta forma de distracción quiere que usted crea que es todo el objetivo del liderazgo y no una distracción del mismo. Desea convencerle de que es la meta y no un derivado. Pretende hacerle ver que es el fin en sí mismo, en lugar del punto medio que es en realidad.

Se trata de la *apariencia del éxito*.

Llegados a este punto le puedo oír preguntar: «Clay, ¿acaso no deberíamos desear tener éxito? ¿No hemos estado hablando de ello en este capítulo, de trabajar en las pequeñas cosas que conducen al triunfo?». Y tiene razón. Deseo que usted tenga éxito. ¡Caramba, yo también quiero tenerlo! Todos lo deseamos. Y hacemos muy bien. Sin embargo, el primer miembro de esta trinidad de distracción impía no es *ser exitoso*, sino más bien *la apariencia del éxito*.

¿Ha comprado alguna vez mobiliario para el hogar en línea? Si es así, habrá dedicado algún tiempo a moverse por interminables imágenes de lámparas, alfombras y una variedad de asientos para cada ocasión. Me encanta comprar por Internet. La conveniencia de hacer clic sobre un botón y que aparezca un sofá ante mi puerta principal unos cuantos días después produce un nivel de satisfacción que los antiguos no habrían imaginado jamás. Sin embargo, ellos nunca tuvieron que lidiar con el estrés de tener que juzgar la calidad de la tela de un sofá a partir de una serie de imágenes mejoradas en línea. He adquirido cosas que en la pantalla de mi computadora parecían estar recubiertas de cuero de calidad superior, y me las imaginé oliendo a inteligencia y realeza. Unos cuantos días después, la realidad se hizo patente oliendo como las malas decisiones y vertiendo vapores de gasolina de algún mugriento almacén.

Hay cosas que tienen un gran aspecto hasta que uno se acerca y les da otro vistazo. A veces, la plata no es más que atractivo papel de aluminio. *No todo lo que brilla es oro.*

Lo mismo ocurre con el éxito.

A veces, bajo el aspecto del éxito, encontrará a alguien que va dando traspiés hacia la mediocridad o incluso sigue la senda que lleva al fracaso. No obstante, nuestra hambre de la *apariencia* de éxito ha hecho ganar fortunas a las personas con grandes plataformas en las redes sociales. A los seres humanos les encanta presentar la mejor versión de sí mismos en aplicaciones como Instagram. Apuesto que ha visto allí una o dos historias que presentaban a una pareja locamente enamorada, pero usted sabía que entre bastidores su relación no era tan color rosa. Hay ocasiones en que esas piernas que se broncean en la playa no son más que un par de salchichas de Frankfurt sobre una imagen de fondo tropical. Todos lo sabemos y sin embargo las personas siguen perdiendo horas de su día arreglando esas fotografías, aplicando el filtro perfecto a esa mala imagen y colocando las etiquetas o *hashtags* adecuados. Sé que las extensiones destinadas a tomarse selfis no se inventaron para mi conveniencia; fueron creados para esconder mi doble barbilla. Seamos realistas al respecto. Hoy en día, la apariencia del éxito es toda una industria.

No obstante, guardar las apariencias no es algo que hagamos solamente en las redes sociales. No es un problema del siglo veintiuno; es un problema humano. Durante miles de años, las personas han adornado sus profesiones con títulos de cargos que las hacen lucir más importantes de lo que son. Utilizan créditos para comprar cosas que den la impresión de que están cobrando el salario de un potentado. A veces corremos de aquí para allá como minitornados, apresurándonos de una cosa a otra, porque estamos convencidos de que mientras más ocupados nos vean, más importantes pareceremos.

Y lo irónico es que probablemente usted tenga bastante éxito. Incluso podría ser *altamente* exitoso. Sin embargo, cuando mantener la apariencia del éxito se convierte en su empleo de tiempo completo, está en problemas. He aquí por qué esto resulta tan peligroso: si no tiene cuidado, permitirá que el ruido externo del éxito aparte su atención para que no se enfoque en el trabajo interno que lo conducirá al crecimiento. Además, la apariencia de éxito es un blanco móvil. Depende de quién esté mirando en un momento dado. La versión que alguien tiene del éxito podría no tener significado para otro. Por consiguiente, es posible que usted pronto cambie y se adapte para encajar en su audiencia. Puede convertirse en un camaleón y mutar constantemente, pero acabará siendo alguien al que nadie reconoce.

Para mis padres, quiero parecer económicamente independiente y responsable.

Ante mi ex que me sigue en las redes sociales, quiero aparentar que dispongo de efectivo para gastar en numerosas aventuras.

Quiero que mis vecinos piensen que poseo la mejor casa del barrio.

Deseo que mis amigos de la universidad piensen que soy el mismo tipo divertido, solo que más rico.

Pretendo que mi cónyuge opine que soy una persona distinta, responsable y seria con respecto a la vida.

Y así sigue y sigue. Quedamos atrapados en el juego de satisfacer las expectativas de éxito de otra persona.

No obstante, hay una pregunta con la que todos tenemos que luchar a brazo partido: *si en última instancia el juego no tiene que ver con aparentar tener éxito, ¿estoy dispuesto a perderlo todo con tal de ganar?* En otras palabras, ¿estaría listo para permitir que algunas de las capas de su éxito desaparezcan de modo que sea real y sincero con respecto a usted mismo, sus defectos, sus temores, sus debilidades y los lugares en los que es emocionalmente poco saludable con el fin de sanar y crecer como líder?

Verá, este es el asunto. Usted y yo no vamos a cambiar el sistema. No empezamos por ahí. Al contrario, vivimos según valores y prioridades distintos. Creo firmemente que merece la pena que los demás nos perciban como perdedores para poder ganar la carrera. Y su liderazgo no es diferente. No pierda los años preciosos de su vida de líder pavoneándose ante los demás. El aplauso se desvanecerá. Y tendrá poco que celebrar. Pase mejor sus días convirtiéndose en un líder al que vale la pena seguir, el tipo de líder cuya influencia no disminuye cuando las presiones externas y las distracciones lo bombardean.

Aquí tiene una práctica que lo ayuda a combatir esta distracción común. Con demasiada frecuencia dirigimos para conseguir la apariencia del éxito debido a que queremos la palmadita en la espalda, la recompensa inmediata a cambio de la menor cantidad de esfuerzo. Por lo tanto, el secreto para evitar esta distracción es dirigir con el futuro en mente. Cuando usted piensa en diez, quince o veinte años más adelante, dejar caer la parte brillante exterior del éxito no es más que una pérdida a corto plazo.

Los grandes inversores conocen bien este principio. Invertir en la bolsa es algo lleno de constante incertidumbre. De un día a otro, las acciones que empiezan con una gran promesa pueden de repente bajar en picada y pronto parecen no tener valor alguno. Los buenos inversores saben cuándo resistir. Una vez que el mercado se recupera y el valor empieza a subir de nuevo, saben que tomaron la decisión correcta. Sin embargo, lo que de verdad convierte a alguien en un gran inversor no es su forma de responder en el momento en que una acción baja. No, lo que destaca a los inversores verdaderamente buenos, a los Warren Buffet de los Warren Fanfarrón, es su forma de reaccionar cuando el valor de una acción está alto. Mientras va subiendo, algunos inversores quieren vender y tener un beneficio rápido. *¡Tal vez no aumente más!* De modo que venden y ganan algo de dinero sobre la inversión. No obstante, los buenos de verdad saben cuándo esperar. ¡Están pensando en el futuro! No compraron esas acciones por capricho. Hicieron su trabajo y consideraron la tendencia del mercado en el futuro. Tienen claro que habrá algunos altibajos más antes de que estén listos para cobrar. Y cuando resisten, ganan exponencialmente más que aquellos que quisieron una ganancia a corto plazo.

Piense por un segundo en cómo habría sido todo para los dueños de las acciones en los primeros días de las empresas líderes en la industria como Coca-Cola o Apple. Observar cómo subían los precios de las acciones debió de ser emocionante, incluso embriagador. Sin embargo, imagine si hubieran vendido y cobrado en los cinco o diez primeros años. ¡Qué frustrante habría sido contemplar cómo esas acciones se ponían por las nubes, sabiendo que prescindieron de su fortuna futura por tener un beneficio a corto plazo! En el lenguaje bíblico, este es el tipo de cosa que lleva al «llanto y al crujir de dientes».

Su liderazgo y su influencia personal están entre las cosas más importantes que invertirá durante su vida. Le ruego que no tire por la borda su éxito a largo plazo por una ganancia inmediata. No deje de aprender, crecer y desarrollarse por perder el tiempo en la distracción del éxito aparente. O como lo expresaría Alexander Hamilton: «¡No desperdicie su bala!».

¿Qué ocurre entonces cuando un líder se distrae con la apariencia del éxito? Me vienen a la mente esas pasarelas en movimiento de los aeropuertos. Me encantan esas cosas. Cuando tengo prisa e intento no perder mi vuelo de enlace, cargando con dos maletas, tres niños y corriendo por una larga terminal, me encanta contemplar esas cintas en movimiento. Sé que me proporcionarán ese pequeño estímulo extra para llegar a la puerta de embarque antes de que cierre y me vea atascado toda la noche en Cleveland. También me hacen sentir como si tuviera superpoderes, pero esto no viene al caso.

Sin embargo, si bien me encantan esas pasarelas, no hay cosa más exasperante cuando intento llegar rápidamente a un punto concreto que encontrarme con un tipo delante de mí que ha decidido quedarse en pie con todo su equipaje desparramado en torno a él. Me entran ganas de gritarle: «¡No está entendiendo la idea!». ¡Estas cosas están ahí para ayudarlo a llegar más rápido a donde quiere ir, no para avanzar al paso de un caracol mientras usted se relaja y consulta su Twitter!

¿Adónde quiero llegar con todo esto? Esas cintas en movimiento me recuerdan lo que les sucede a los líderes que se han dejado distraer por la apariencia del éxito.

Se quedan quietos y se serenan.

Técnicamente, van avanzando y se diría que se dirigen a sus metas. Parecen exitosos. No obstante, los líderes que siguen dedicándose al duro esfuerzo del crecimiento y el desarrollo los dejarán pronto atrás. El éxito puede convertirse con facilidad en una distracción que lo dispone para el fracaso a largo plazo. No permita que su logro inmediato lo saque del juego.

MUÉVASE RÁPIDO, ROMPA COSAS

Toda esta charla sobre avanzar es una transición perfecta al segundo miembro de nuestro eje de la distracción, *la fascinación con el progreso*.

Todos sabemos que el progreso es adictivo. Es algo arraigado en nuestro interior. Incluso algo tan sencillo como ver las actividades de Adviento, previas a las navidades, puede suscitar ese sentimiento en mí. Experimento un placer maravilloso al abrir esas pequeñas ventanas cada día antes de Navidad, una sensación que va más allá de la recompensa del pequeño trocito de caramelo escondido tras ellas. Abrir la siguiente casilla desencadena algo en lo profundo de cada uno de nosotros: el atractivo del progreso.

Un amigo mío había estado intentando bajar el exceso de peso que había acumulado durante los primeros años de su matrimonio. No era tanto, tal vez unos diez kilos, pero luchaba por perderlos a pesar de probar todo tipo de dietas y rutinas de ejercicio. Se estaba desanimando al ver lo poco que había adelgazado, sobre todo cuando comprobaba que otros parecían perder una buena cantidad de peso con el menor esfuerzo y en muy poco tiempo. No tardó en encontrarse en un ciclo perpetuo. No podía ceñirse a un programa en particular durante el período suficiente para lograr un resultado. Se frustraba con su sobrepeso, prometía hacer algo al respecto, pero se rendía cuando no parecía funcionar.

Continuó en ese ciclo hasta que le regalaron un Apple Watch y comenzó a controlar su dieta y sus ejercicios a través de unas cuantas aplicaciones. Enseguida empezó a usar tazas para medir la cantidad de queso que ponía en su quesadilla. Escaneaba el código de barras de la comida envasada para calcular cuántas calorías contenía. Si olvidaba su Apple Watch, ese día no podía hacer ejercicio, ya que su esfuerzo no contaría para su estadística semanal deportiva. Acabó obsesionándose con hacer decisiones alimentarias saludables y asistir al gimnasio a diario.

¿Por qué ese cambio?

Porque lo que una vez había sido nebuloso e invisible se había vuelto ahora algo concreto, medible y visible. Ahora tenía una forma de rastrear y monitorizar el trabajo que estaba haciendo. Por primera vez pudo ver su progreso, lo que se convirtió en algo adictivo.

Aunque nuestro deseo de progreso puede ser una ventaja y nos puede ayudar a realizar cambios saludables en nuestro estilo de vida, también puede convertirse en otra forma de distracción.

Vivo en una ciudad con uno de los peores tráficos del mundo que haya visto. El conductor promedio de Atlanta pasa 70,8 horas al año atascado en embotellamientos.[1] Sin mencionar que nuestra reputación por lidiar mal con las inclementes condiciones del tiempo podría estar más que justificada. Como mencioné con anterioridad, experimentamos el «Nievapocalipsis» (o «Nievarmagedón») del 2014, y más recientemente un alma emprendedora le prendió fuego a una silla de jardín plástica bajo un paso elevado de la interestatal, y las llamas no tardaron en envolverlo todo. Atlanta tenía noventa y nueve problemas, y uno de ellos era un puente.

Menciono todo esto para señalar que odio verme atascado en medio del tráfico.

Sé que no soy el único. Estoy seguro de que usted también lo aborrece. Es lo peor que puede ocurrir. Y he observado que estoy dispuesto a evitar esta pérdida de tiempo a toda costa. Mi desdén por quedarme inmóvil se manifiesta cuando estoy seleccionando mi itinerario. Si puedo escoger entre una ruta en la que me veré detenido por algún tiempo y una ruta que evita el tráfico, pero en la que uno se tarda más, escogeré la más larga con tal de seguir moviéndome. En lugar de optar por el camino más directo o más corto, me decanto por el que me mantiene avanzando. Consulto todo el mapa solo para mantener los neumáticos rodando.

En nuestro liderazgo hacemos lo mismo. A veces desperdiciamos el tiempo haciendo rodar las ruedas solo para sentir que vamos a alguna parte, cuando en realidad solo estamos vaciando el tanque de combustible. No queremos esperar. Nos gusta ver pasar las cosas, que haya movimiento, saber que algo —lo que sea— está sucediendo. De modo que atiborramos nuestro calendario de citas. Necesitamos que cada ínfimo detalle tenga nuestra aprobación. Nos la jugamos en arriesgadas empresas para sentir que estamos actuando.

¿Sabe usted cómo se le llama a esto? Es la fascinación con el progreso. Y representa una distracción peligrosa. Todos los líderes oyen una voz en la cabeza que les advierte que deben seguir avanzando a toda marcha, mantener la máquina en progreso. Si no nos movemos, estamos perdiendo.

Un amigo mío trabaja con Facebook y no hace mucho me comentó que la compañía había cambiado uno de sus lemas corporativos. Dicho lema era el siguiente: «Muévase rápido y rompa cosas». No sé usted, pero a mí me parece que suena realmente genial. Es exactamente el tipo de cosa que cabría esperar de una empresa que desea matar las vacas sagradas y llevar a toda la industria al futuro. Esto se encuentra enfocado de manera extrema en el movimiento. Y es un eslogan nacido del atractivo del progreso.

Facebook cambió el lema cuando descubrieron que su fuerza laboral, compuesta por personas de excepcional inteligencia y con empuje, en constante y perpetuo movimiento, podría sentir la tentación de destrozar aquello mismo que necesitaban para su éxito. En ocasiones, el énfasis en moverse rápido y romper cosas lleva al ser humano a ir *demasiado* rápido. Cuando le repiten a diario que debería hacer exactamente eso, es posible que uno no se tome el tiempo suficiente para sopesar el coste de sus decisiones. Moverse rápido y romper cosas puede mantenerlo todo en funcionamiento, pero también puede ser destructivo.

Si no se lleva demasiado lejos, es un gran lema. No obstante, si uno se deja dominar por el mismo, se adquirirá demasiada velocidad y el final será estrellarse.

El progreso es estupendo. Sin embargo, que sea duradero es algo que se consigue con el tiempo, e incluye períodos de descanso, práctica y preparación. Si quiere crear una excelente estrategia de negocio, es posible que tenga que dedicar más tiempo a desarrollar la estrategia que a intentar construir el avión mientras está volando y después observar cómo las piezas de su vida y su carrera van cayendo y se precipitan hacia el suelo. Algunas de las personas más exitosas que conozco programan en su calendario de manera intencionada un «tiempo para pensar». Se niegan a dejarse distraer por el atractivo del progreso. Cuando uno se detiene a pensar, quizás sienta que no está haciendo nada. Puede parecer un desperdicio de tiempo. Sin embargo, las personas de éxito saben que necesitan aminorar el paso y trabajar en lo que importa.

Algo que los grandes líderes aprenden es que ese proceso puede ser más importante que el progreso. En ocasiones, usted debe tirar el manual por la ventana y hacer las cosas de un modo distinto en aras del progreso. No obstante, también hay momentos en los que debe confiar en el proceso, ocupándose de las pequeñas cosas que importan y lo disponen para el siguiente período de progreso.

MENTIROSO, MENTIROSO

Existe un último miembro en nuestro eje de la distracción. Antes de revelarle cuál es, permítame formularle una pregunta. ¿Qué hace cuando todas las miradas de los que se encuentran en la sala se posan en usted esperando una respuesta que no tiene?

Piense en ello. Tal vez se tratara de la última vez que su jefe le pidió de improviso su opinión sobre un nuevo proyecto. O quizás fuera la última ocasión en que sus colaboradores directos inquirieron qué debían hacer con respecto a un problema señalado por los datos recientes.

¿Qué hace cuando se ve en semejante situación?

Si usted es como el resto de nosotros, es probable que intente aferrarse a lo seguro, a la sensación de saber de lo que está hablando y de tener una solución, aunque no sea así. Ese es el miembro restante del eje de la distracción: el *atractivo de la certeza*.

Quiero dar la impresión de saber de qué hablo. Incluso al escribir este libro, quiero estar seguro de que se me perciba creíble. Nadie quiere que se le tome por un necio incompetente. Tenemos dignidad y amor propio; queremos proveer respuestas y una dirección útil a las personas que nos importan. Quiero ayudar a mis empleados a resolver problemas. Quiero ser una fuente de grandes ideas para mi jefe.

El atractivo de la certeza es una distracción peligrosa para nuestro liderazgo, porque nos conduce a transigir en lo que respecta a nuestra integridad. En nuestro anhelo por parecer confiados y seguros de nosotros mismos, nos convertimos en unos mentirosos.

No le sorprenderá si le comento que los seres humanos son increíblemente adeptos a crear mentiras e inventar historias. El noventa por ciento de los niños ha entendido el concepto de mentir y ellos son capaces de sacarle buen provecho a partir de los cuatro años.[2] Sin embargo, es en la adultez cuando de verdad perfeccionamos la habilidad. Un estudio realizado en el año 2002 por la Universidad de Massachusetts reveló que el sesenta por ciento de los adultos son incapaces de mantener una conversación de más de diez minutos sin mentir.[3] Y si esto suena mal, todavía puede ser peor. Entre los que mienten, los investigadores descubrieron que muchos de ellos pronunciaban un promedio de tres mentiras por conversación.[4] A veces mentimos sobre cosas que ni siquiera son importantes, solo para proteger nuestra reputación o estatus en un grupo.

Todos deseamos la certeza en los momentos inciertos, y los líderes somos proclives a proporcionarla; tengamos buenas razones para ello... o no. He asistido a reuniones con personas que han sacado números de la nada con un chasquido de los dedos para argumentar su idea. ¿Eran exactos aquellos números? En absoluto. No obstante, querían *parecer* seguros de sí mismos, porque la certeza es atractiva. Si usted puede rezumar confianza, las personas comprarán lo que diga.

En realidad, los estudios han demostrado que las personas seguirán a quien aparente mayor confianza y seguridad, aunque la más mínima aplicación del sentido común podría indicar que alguien no tiene ni la menor idea sobre aquello de lo que está hablando. Aunque este fenómeno sucede en muchos ámbitos de la vida, es más común en nuestra política.

Sin embargo, precisamente por ello es tan venenosa esta rama del liderazgo. Las personas lo seguirán mientras usted vaya improvisando sobre la marcha *durante un tiempo*. No obstante, cuando se haga notoria su duplicidad, perderá la credibilidad y sacrificará su integridad. Nadie sigue a líderes en los que no se puede confiar. Es posible que estén de acuerdo con el programa por temor, pero usted habrá perdido su confianza, y con ello cualquier influencia que haya podido tener.

La alternativa es simple, pero no fácil: *la autenticidad.*

Los líderes auténticos se sienten cómodos haciéndoles saber a los demás que no conocen todas las respuestas. Cuando usted se convierte en un líder auténtico, renuncia a la necesidad de tener siempre la razón, de contar con la respuesta a cada problema. No le importa reconocer: «No lo sé. Lo resolveremos juntos». Admitir que existen momentos en los que no se tiene certeza es una señal de humildad, y esta disposición a ser franco y sincero es lo que le proporciona la oportunidad de dirigir. Los líderes que admiten su incertidumbre afrontándola y buscando soluciones acabarán guiando a los demás para hallar respuestas a sus problemas. Yo prefiero ser un líder que reconoce no saber algo y conduce a otro a descubrir la respuesta adecuada, en vez de uno que finge y da la respuesta equivocada.

Ser auténtico, sincero y humilde no resulta fácil. Exige que uno abrace la vulnerabilidad y la autoconciencia, cualidades que pueden llevarnos a simplificar en exceso un problema complejo. Cuando es mucho lo que está en juego, usted no puede permitirse forzar una cuestión delicada con su cruda seguridad.

Ya sea que usted se considere un líder o no, lo es. Y su principal responsabilidad de liderarse bien a sí mismo requiere ser consciente de las distracciones más comunes del liderazgo. Las distracciones de la apariencia del éxito, la fascinación con el progreso y el atractivo de la certeza son unas de las más difíciles con las que debe luchar. En el siguiente capítulo, consideraremos una estrategia a fin de identificar la distracción más común para usted, de manera que pueda aprender a eliminarla.

CAPÍTULO 4

EL YO DEL
LIDERAZGO

Cada vez que se celebra un acontecimiento un día entre semana en nuestra escuela elemental, intento asistir. Debido a mi trabajo durante el día, no puedo faltar para presentarme como voluntario en la clase o como acompañante en un viaje al campo. De modo que cuando llega la noche de «reunión con los maestros», me aparezco por allí. Y no se trata de que intente jactarme de algo que se supone que debo hacer. Como afirma Chris Rock: «Se supone que tienes que ocuparte de tus hijos. ¿Qué quieres? ¿Una galleta?». No, solo estoy tratando de presentar esta historia.

Cuando Sally, nuestra tercera hija, estaba en preescolar, fui a conocer a su nueva maestra. Al explicarme el sistema «dólar delfín» que usaban en la escuela para recompensar el buen comportamiento (nuestra mascota es el delfín... de ahí lo de los dólares delfín), pensé para mis adentros: *Probablemente debería preguntarle a Sally sobre esto.* Nuestros otros dos hijos ya habían pasado aquella etapa, y yo confiaba plenamente en que solo hubieran recibido dólares y ni se hubieran acercado a la posibilidad de que les quitaran uno solo. Sin embargo, con Sally no estaba tan seguro. Ella es más impredecible, más parecida a su padre, que obtuvo sistemáticamente C en comportamiento debido a una «socialización excesiva».

El sistema del dólar delfín es bastante sencillo. Usted hace algo bien y le dan un dólar; actúa como no debería y pierde un dólar. Reúna diez dólares y el viernes escoge algo de la caja de tesoros. Para mí tiene sentido.

De modo que aquella noche, cuando estaba acostando a Sally, le pregunté:

—Oye, Sally, ¿alguna vez te ha tenido que quitar tu profesora algún dólar delfín?

—Eh... sí, una vez —me respondió ella con calma y sin rodeos.

—Hmmm... ¿de verdad?

Sigo teniendo muchísimo que aprender como padre, pero una cosa sí sé, y es cómo adoptar una cara impasible cada vez que uno de mis hijos me comenta algo lo más mínimamente negativo. No reacciono de forma exagerada. No muestro mis emociones. Pongo cara de póquer. Invito a una mayor sinceridad.

—¿Y qué ocurrió? —le pregunté con tranquilidad y sin ambages.

—Bueno, estaba hablando con Charlotte y la maestra me pidió que dejara de hablar, pero yo no había acabado. Así que seguí con mi conversación y ella me quitó un dólar. Me contó todo esto a su manera franca y sencilla, como si no tuviera el más mínimo impacto emocional. Llegados a ese punto, yo estaba ligeramente desconcertado, pero también sentía curiosidad.

Por ello, la presioné para conseguir más información.

—Sal, estoy un poco confuso. ¿No te importó perder tu dólar?

Me sentía sorprendido y confundido, porque la caja de tesoros es el tema de conversación en nuestra casa cada viernes. Siempre se infiltra de un modo u otro en nuestros debates familiares, ya sea por las expectativas de adquirir algo el viernes por la mañana o como celebración del premio comprado y disfrutado el viernes por la tarde. De manera que me estaba costando bastante entender cómo Sally podía estar tan tranquila y que no le afectara que le hubieran quitado su dólar. Es decir, hasta que ella me explicó el porqué...

—Ah no, no me molestó. Sucedió el jueves pasado y yo sabía que tenía once dólares, así que me sobraba uno.

Aquello me divirtió, pero me quedé pasmado valorando la inteligencia de mi hija con el funcionamiento del sistema. Recuerde, solo se necesitan diez dólares para conseguir algo de la caja de tesoros. Al instante recordé la escena de la película *Anchorman* [El reportero], cuando Ron Burgundy llega a casa y habla con su perro. «¿Te has hecho caca en la nevera? ¿Y te has comido toda esa rueda de queso? ¿Cómo lo has hecho? ¡Rayos, ni siquiera estoy furioso! ¡Es sorprendente!».[1]

En ese momento, también pensé dentro de mí: *Claramente he dado con la horma de mi zapato.* Sabía que tendríamos problemas en los años de la adolescencia. Sin embargo, por ahora le expliqué que tenía que obedecer a su maestra y que yo la amaba. Oramos y le di un beso de buenas noches.

Entonces fui en busca de mi esposa para que pudiéramos reírnos juntos.

EL PELIGRO SUTIL DEL *APODERADO*

Todos somos culpables de sacrificar la imagen panorámica, el beneficio a largo plazo, por lo que tenemos delante de nuestras narices. Cuando estamos demasiado enfocados en los resultados, es fácil perderse lo que está sucediendo en el interior, y una de las mayores distracciones a la que cualquiera de nosotros se enfrenta es la tentación de obsesionarnos con lo externo y restarle importancia a lo interno. En lugar de prestarle atención a nuestra salud emocional, nos tragamos todo, enmascaramos lo que tenemos dentro y nos centramos en los resultados externos. Como hemos visto, este ruido blanco puede convertirse en una «solución» adictiva, impidiéndonos realizar el trabajo necesario para cuidar de nuestras almas.

Aunque las distracciones externas en nuestra vida son variadas y únicas, no piense que esta tentación es un problema del siglo veintiuno. Ha estado ahí siempre. Jesús les advirtió a los líderes religiosos de su época, los fariseos, sobre los peligros de enfocarse demasiado en el exterior, de contar las señales externas del éxito mientras abandonaban la salud de su vida interior. Los avergonzó[2] al sacar a relucir su enfoque externo y criticarlos por descuidar las cosas que le importan a Dios —sus motivos internos, sus deseos y sus creencias— y hacer un espectáculo buscando el aplauso y la aprobación de los demás. Las señales externas no concordaban con la realidad interna. Los reprendió: «¡Ay de ustedes, maestros de la ley y fariseos, hipócritas!, que son como sepulcros blanqueados. Por fuera lucen hermosos, pero por dentro están llenos de huesos de muertos y de podredumbre» (Mateo 23:27). Blanquear era una forma de pintura utilizada para cubrir manchas o mugre. En lugar de limpiar el exterior de las tumbas, las personas aplicaban una capa de cal para cubrir la suciedad.

Todos nosotros somos culpables de actuar así, porque sencillamente es lo más fácil. Peor aún, empezamos a distraernos con la apariencia del éxito, con el atractivo del progreso o la certeza. Nos enfocamos en lo que se puede medir sin dificultad, lo que se puede ver y cuantificar. Sin embargo, algo insalubre está creciendo todo el tiempo en los lugares ocultos. Y cuando no logramos prestarle atención a la vida interior, nosotros mismos nos robamos la mejor oportunidad de madurar como líderes. Nosotros mismos desvalijamos nuestro futuro. Engañamos a aquellos a los que lideramos y a nosotros mismos.

Con demasiada frecuencia lo externo se convierte en nuestro *apoderado*.

Lo confieso. No estaba familiarizado con el concepto de los *apoderados* hasta que leí la carta de Jeff Bezos a sus socios accionistas en el año 2016. Ya sea usted fan de Amazon o no, este se ha convertido innegablemente en un gigante moderno, haciendo de Bezos uno de los líderes más ricos del planeta. En su misiva del 2017, implora a sus colegas que adopten la cultura que él está cultivando en su empresa. La carta me recordó la forma en que los entrenadores de fútbol usan a veces una conferencia de prensa para enviarle un mensaje a su equipo.

Bezos usa los términos *Día 1* y *Día 2* para resaltar la clase de cultura que ha permitido que Amazon tenga éxito y para identificar a aquella que debe evitar. «El día 2», explica, «es estancamiento. Seguido de irrelevancia. Seguido de un doloroso y atroz declive. Seguido por la muerte. Y *por eso* aquí *siempre* es día 1». Para mantener la cultura del día 1, Amazon tiene que prestarle atención a cuatro cosas, y una de ellas es «resistirse a los apoderados».[3] Él escribe:

A medida que las empresas se hacen más grandes y complejas, hay una tendencia a dejarse guiar por los *apoderados*. Esto se presenta en muchas formas y tamaños, y es peligroso, sutil y muy propio del día 2.

Un ejemplo común es considerar los procesos como *apoderado*. Un buen proceso le sirve para que usted pueda servir a los clientes. No obstante, si no está atento, el proceso puede convertirse en lo más importante. Esto puede suceder muy fácilmente en las organizaciones grandes. El proceso se convierte en el *apoderado* para el resultado que se desea. Usted deja de mirar los resultados y se asegura de estar llevando a cabo bien el proceso. No es raro oír a un líder joven defender un mal resultado diciendo algo como: «Bueno, seguimos el proceso». Un líder más experimentado usará esto como una oportunidad para investigar y mejorar el proceso. El proceso no es lo importante. Siempre vale la pena preguntarnos si somos dueños del proceso o este es nuestro dueño. En una empresa tipo día 2, es posible que lo segundo sea cierto.[4]

Cuando leí esta carta, entendí de inmediato aquello de lo que hablaba Bezos. Si pudiera expresar con otras palabras y simplificar su idea, yo diría que «resistirse a los apoderados» es procurar no enfocarse en las cosas incorrectas. Ningún líder es inmune a centrarse en lo que no viene a cuenta, ni siquiera el jefe de uno de los mayores distribuidores del mundo. Enfocarse en las cosas secundarias es inevitable en ocasiones, y hasta puede ser adictivo. Sin embargo, cuando retiramos nuestra atención de lo principal, quedamos bloqueados manejando a un *apoderado*. Constantemente tenemos que resistirnos a las tentaciones que nos impiden prestarles atención a las cosas que más la necesitan, en particular a nuestra salud emocional.

Los factores externos siempre lucharán a fin de convertirse en el *apoderado* dominante para determinar el éxito. No obstante, como un líder en fase de desarrollo, su salud solo es proporcional a su autoconciencia emocional. Aprenda a resistirse a los *apoderados* de su vida y mantenga su enfoque en lo que más importa.

USTED NO PUEDE CRECER SI NO SABE

A continuación, presento un resumen de lo que hemos visto:

* El mundo que nos rodea está lleno de distracciones que intentan constantemente apartarnos del camino y hacer fracasar nuestro liderazgo.
* La mayoría de las personas se sirven del ruido blanco para enmascarar estas distracciones, pero los beneficios del encubrimiento tienen un coste oculto. El disimulo esconde nuestras emociones, a menudo las negativas que no queremos reconocer, y nos hace emocionalmente poco saludables e inconscientes de cómo nos sentimos en realidad y qué es lo que de verdad nos motiva.
* Muchos líderes resuelven este problema subiendo el volumen del ruido. Aumentan el número de sus actividades, buscan nuevas distracciones y quedan atrapados en el eje de la distracción: la apariencia del éxito, la fascinación con el progreso y el atractivo de la certeza.
* La respuesta es apagar el ruido. Usted no puede ser emocionalmente inconsciente y saludable al mismo tiempo. La salud emocional comienza volviéndose emocionalmente consciente, y esto exige escuchar lo que sucede en el interior.

En este capítulo quiero ayudarlo a evitar las distracciones del mundo y a que en cambio se entrene a usted mismo para apagar el ruido y escuchar. Sin embargo, esté prevenido. Las prácticas que estoy sugiriendo y los hábitos que debe desarrollar lo harán sentir incómodo. Pueden herir. No obstante, con el tiempo, le servirán para llegar a ser emocionalmente más consciente.

Puedo asegurarle esto: jamás será el líder que quiere ser si no aprende estas cosas. Sin una consciencia de sí mismo —un entendimiento de quién es, lo que siente y por qué actúa como lo hace— no será emocionalmente sano. Y lo último que el mundo necesita son más líderes emocionalmente aletargados, enfermos de un mal interno que ni siquiera saben que padecen.

Volverse consciente en lo emocional requiere que aprenda a estudiarse a sí mismo. Necesita entender lo que está sucediendo dentro de usted, y conforme vaya creciendo en autoconciencia, se volverá emocionalmente más inteligente. Es probable que haya trabajado con personas difíciles que desconocen cómo afectan sus emociones y sus comportamientos a los demás. Y no hay nada que hacer para que una persona inconsciente de algo que todos saben, excepto ella, tome conciencia del asunto. Esa es una de las tareas más difíciles del liderazgo. No estoy seguro de quién inventó la frase «Lo que usted no sabe no puede lastimarlo», pero es uno de los dichos más absurdos de nuestra lengua.

Lo que usted no sabe *sí puede* lastimarlo. Puede destruir su vida y descartarlo como líder. La razón principal de que los líderes se estrellen y se agoten es que no son conscientes de algo con respecto a sí mismos, o al menos no están dispuestos a enfrentarse a ello y admitirlo. Las cosas que desconoce de usted mismo ya le han perjudicado, le perjudicarán, y lo más probable es que le estén perjudicando justo ahora mientras lee esto. Lo mismo se puede afirmar en mi caso. Lo que no sé sobre mí mismo me está haciendo daño incluso en el momento de escribir esto.

Ser consciente es tan poderoso como problemático es ser inconsciente. Por ello, el viejo estereotipo sigue siendo cierto: el secreto del liderazgo radica en conocerse a uno mismo. Usted no puede llegar a donde quiere ir si no sabe dónde está. Sin embargo, más básico que saber dónde uno está es saber quién uno es. Y un líder que no se conoce a sí mismo es un guía peligroso.

Es por eso que a la autoconciencia se le llama a veces «inteligencia emocional». A medida que usted se vuelve más inteligente con respecto a sus emociones, podrá ayudar a otros a entender mejor las propias. No obstante, todo comienza con usted.

Con demasiada frecuencia permitimos que nuestras emociones ocupen el lugar del conductor, asumiendo ese espacio de liderazgo sin ninguna interrogación o confrontación. Consciente o inconscientemente, permitimos que nuestras emociones dirijan nuestra vida. Muchos líderes eficientes son capaces de manejarlo y adaptarse, cubriendo sus sentimientos y ocultando sus deseos e impulsos de formas aceptables. Sin embargo, a menos que traten con ellas de un modo directo, nuestras emociones acabarán controlando nuestra vida.

No tiene más que pensar en la última compra «emocional» que haya realizado. Usted ha estado navegando por Amazon sin nada particular en mente. O tal vez se haya paseado por Facebook, donde ha aparecido el anuncio de un artículo extrañamente similar a eso que estuvo buscando hace tres horas (qué curioso cómo sucede esto). *¡Compre ahora! ¡Última unidad disponible! ¡Se venden muy rápido!* Los vendedores usan estas frases llenas de gran presión para jugar con nuestro temor a perdernos algo, llevándonos a comprar lo que no queremos y probablemente ni siquiera vamos a usar. ¿Qué induce todo esto? Nuestras emociones, esos deseos e impulsos interiores de los que somos o no plenamente conscientes, están ocupando ahora el asiento del conductor. A menos que

Un líder que
no se conoce
a sí mismo
es un guía
peligroso.

usted y yo seamos inexorablemente curiosos con respecto a nuestras emociones, ellas acabarán controlándonos.

Aprender a lidiar con sus emociones es una habilidad como cualquier otra en la vida. Dedique tiempo a trabajar en ello y mejorará. Perfeccione la aptitud y le será cada vez más fácil. Sin embargo, permita que se quede sin usar en la estantería durante un extenso período de tiempo y descubrirá que, a diferencia de montar en bicicleta, ya no puede recuperarla así como así. Conviértase en un detective emocional para llegar a ser emocionalmente más consciente, porque si no sabe, no puede crecer.

CONVIÉRTASE EN UN DETECTIVE EMOCIONAL

Como padre, he descubierto que uno de mis mayores retos es monitorizar de forma adecuada y eficaz el uso de la tecnología en nuestro hogar. La lucha es real. Como adultos, conocemos el poder adictivo de nuestros artefactos sobre nuestra vida. Podemos esforzarnos a fin de resistirnos y protegernos. Sin embargo, no es así con los niños. En uno de sus monólogos de apertura, Jimmy Fallon bromeó: «Los estudios han demostrado que criar a un hijo cuesta seiscientos mil dólares. O por seiscientos dólares usted puede simplemente comprar un iPad». Muy cierto, Jimmy.

Son muchas las preguntas sin respuesta con respecto a nuestro uso (y abuso) de la tecnología. ¿Cuándo es demasiado pronto para que un bebé se siente delante de una pantalla? ¿Cuánto es demasiado tiempo ante una pantalla para los niños de primaria? ¿Cuenta como tiempo de pantalla si están haciendo sus deberes en una computadora? Si usted tiene hijos, ya sabe el reto que pueden suponer estas preguntas.

Mi esposa, Jenny, y yo empezamos pronto a usar la tecnología con nuestros hijos. No me siento orgulloso de ello ni se lo aconsejo a los demás, pero para usar una de las frases más inútiles que se escuchan: «Eso es lo que hay». Ah, y puede juzgar todo lo que quiera, pero a menos que esté criando a los tataranietos de Einstein, las probabilidades de que su retoño se convierta en otro joven Einstein son entre escasas y casi nulas. En ocasiones, entregarle al niño una pantalla es la forma más fácil de resolver el problema.

Sí, me doy cuenta de que escogimos tener cinco hijos y que por tanto la vida tiende a ser de vez en cuando un poco caótica. En ocasiones, el solo hecho de poder hacer las compras en el supermercado con un bebé de un año que no cesa de llorar exige una pantalla. O cuando ese bebé de un año ha estado gritando durante la última media hora y seguimos atascados en el tráfico, intentando llegar a casa desde el zoo, ¿por qué no poner algún tipo de vídeo para calmar el llanto? Y al final de ese día, cuando he perdido toda capacidad de hablar con amabilidad, de mantener la más mínima paciencia y responder más preguntas sobre los hábitos alimenticios de Elmo, ¿por qué no iba a utilizar un programa de treinta minutos como motivación para acabar con la cena y la hora del baño? ¡Por favor!

No tenemos tiempo para abrirnos paso entre la cantidad de problemas que enfrentamos pero, si soy sincero, el uso que hacemos de la tecnología es algo que me incomoda constantemente. Me molesta la incógnita de lo que nuestros hijos están aprendiendo —y dejando de aprender— porque estamos colocando pantallas delante de ellos a edades tan tempranas. Me preocupa que estemos poniendo en peligro sus capacidades creativas para jugar sin una pantalla. Cuando yo era niño, el aburrimiento nos obligaba a imaginar juegos, y jugábamos a las cosas más tontas que podíamos inventar, ya que no teníamos más remedio. Me entretenía en mi habitación con el siempre popular lanzamiento de baloncesto con una papelera y una bola de papel, porque era casi todo lo que podía hacer. Una vez escuché decir a alguien que se requiere al menos quince minutos de aburrimiento antes de que los niños empiecen a ejercitar su creatividad. Si esto es cierto, podríamos estar robándole la imaginación a toda una generación al proporcionarles distracciones sin sentido para evitar que se aburran.

Sin embargo, este es el caso no solo de nuestros hijos. Todos hemos pasado por la extraña experiencia de estar sentados en la sala de espera de la consulta de un médico, levantando la vista de nuestros teléfonos inteligentes para comprobar que todas las demás personas están mirando fijamente una pantalla. Peor aún, todos hemos estado sentados en una sala con cinco personas conocidas, esperando que empiece una reunión, y seguimos eligiendo mirar nuestros dispositivos en lugar de conversar entre nosotros. Si hay que esperar un cuarto de hora hasta que surja nuestra creatividad, ¿cuánto silencio, soledad y aburrimiento debemos soportar antes de ser capaces de escuchar de verdad lo que ocurre en nuestro interior? Los efectos de la ocultación del ruido blanco son más fuertes de lo que pensamos, y es necesario apagar de forma activa e intencionada el ruido de nuestra vida. Los grandes líderes bajan este volumen lo suficiente y durante el tiempo necesario para ser implacablemente curiosos con respecto a sus emociones.

Una de las aptitudes que debemos aprender a cultivar es la curiosidad emocional. Justin, uno de mis colaboradores, me comentó el otro día: «El ruido y la distracción matan nuestra curiosidad». ¡Qué gran verdad! Los líderes emocionalmente sanos son los que han aprendido, a veces por medio de la prueba y el error, a eliminar las distracciones de su vida y apagar el ruido debido a que son *curiosos*. Son detectives emocionales, dispuestos a escuchar, evaluar y descubrir cosas nuevas sobre sí mismos. Y ese trabajo tomará tiempo. Será necesario que usted escoja convertirlo en un hábito.

Hay muchas probabilidades de que no pueda convertirse en un detective emocional por sí solo. Es posible que necesite a alguien de su confianza que lo ayude a procesar sus descubrimientos. El objetivo consiste en hacer del trabajo emocional un hábito cotidiano, algo que practique a diario. Quiero proporcionarle una fórmula sencilla para ayudarlo a recordar a la hora de cultivar la curiosidad emocional.

> **El ruido y la distracción matan nuestra curiosidad.**

Para llevar a cabo el trabajo de un detective de este tipo, son necesarios tres pasos: identificar la emoción, encontrar un lenguaje para ella y después ocuparse de ella directamente.

Présteles oído a sus emociones

¿Ha llorado alguna vez delante de su jefe? A mí me ocurrió hace unos meses. Estoy a punto de cumplir los cuarenta, y excepto al sentirme conmovido por una película inspiradora, jamás he llorado en una reunión. No estoy en contra de ello, pero ciertamente no es mi estilo. Si se hubiera sincerado conmigo y contado que ha llorado en una reunión delante de su jefe, no me habría burlado francamente de usted por ello, pero lo habría juzgado un poco por no ser capaz de manejar sus emociones en un entorno profesional. Por supuesto, eso habría sido antes de mi propia pequeña explosión emocional.

La iglesia que lidero es una de las siete existentes en la zona de Atlanta, todas ellas bajo los auspicios de nuestra organización mayor. Casi cada martes celebramos una reunión de dos horas con los pastores de nuestros campus más nuestro equipo administrativo. Nos enfocamos en planificar, resolver problemas y colaborar. Allí se encuentran mis colegas directos y todos los que están por encima de mí en la organización, mis jefes. Todos están presentes en esa reunión.

La mayor parte del tiempo, es un tiempo animado, inspirador, con nuevas ideas y lleno de entusiasmo con respecto al futuro. Sin embargo, aquel martes en particular fue distinto. Se les repartió un conjunto de gráficas —actualizaciones del estado visual de cada una de nuestras iglesias— a todos los asistentes, y la perteneciente a mi iglesia en particular parecía bastante pesimista. Fue peor que recibir un informe negativo, pues sentí como si los datos proporcionaran una imagen falsa de cosas que no estaban bajo mi control directo y las conclusiones fueran injustas. Reprimí mis emociones durante la reunión, pero no podía evitar la sensación que me invadía. Ni siquiera podía determinar con exactitud *qué* sentía.

Aquel momento pasó, abandoné la reunión y acometí la tarea siguiente. Unos cuantos días después, tenía el dedo sobre el botón del ruido blanco de mi vida y estaba poniendo en marcha la actividad, manteniéndome ocupado, asegurándome de que mi agenda estuviera repleta. Por alguna razón, decidí tomarme un respiro y salir a dar un paseo de quince minutos hasta uno de nuestros edificios de oficinas adyacente. No tardé en caer en la cuenta de que las emociones de aquella reunión anterior me seguían afectando profundamente. Diagnostiqué mi emoción de forma errónea como enojo, y di por hecho que estaba furioso con mi jefe por su forma de conducir aquella asamblea. Como teníamos una buena relación, pensé: *Debería sentarme con él esta tarde para aclarar las cosas.* Y así lo hicimos.

Mientras hablábamos, me di cuenta de que mi emoción principal no era el enfado. Se trataba de algo más hondo y peor. Mientras más hablábamos, más confuso me sentía, y después de transcurridos unos veinte minutos de malentendidos de una parte y otra, empecé a sentir que fracasaba. Mientras más conversaba, peor era, y de repente la torpeza, la vergüenza y algunas lágrimas reales del tamaño de las de un cocodrilo se juntaron al mismo tiempo. En mi vida, esos tres amigos parecen viajar juntos. En ese momento cesó el enmascaramiento y el ruido blanco para cubrir mis sentimientos. Permanecimos sentados en aquel incómodo silencio, mientras yo me permitía escuchar lo que sucedía dentro de mí.

Como pastor he estado en miles de reuniones con personas sufrientes que intentaban comunicarse a través de las lágrimas. El oyente se siente en una posición un tanto incómoda. ¿Le entrego un pañuelo de papel? ¿Guardo silencio y le doy tiempo a recomponerse? ¿Ofrezco palabras de aliento para intentar ayudar? Me daba cuenta de que mi jefe estaba experimentando todo esto. Entendiendo que yo estaba lidiando con mucho más que una gráfica tergiversada, me preguntó con amabilidad si podía orar por mí. Le contesté: «Puedes hacerlo, pero te ruego que lo dejes para más tarde. Creo que necesito marcharme». Salí, subí a mi auto y perdí el control.

Durante una hora, sollocé, sollocé y sollocé. ¿De dónde venía todo esto? Podía sentir la fuerza de la emoción, pero no tenía ni idea de lo que la estaba produciendo, de lo que subyacía a todo aquello. En algún momento, de camino a casa, las nubes se apartaron y pude identificar y ponerle nombre a aquel sentimiento. Fue tan claro como encontrar a Wally en la página. Una vez que lo has visto, es imposible *perderlo de vista* de nuevo; resulta obvio que está ahí. No solo pude identificar la emoción, sino que también hallé las palabras para describir lo que era y por qué lo sentía. (Llegaremos a ello enseguida).

¡Determinar con exactitud aquella emoción fue algo glorioso! En serio, sentí como si tomara ibuprofeno para un terrible dolor de cabeza. Definirla no hizo que esta cambiara, pero sí me proporcionó esperanza. Y eso es lo primero que quiero que sepa. Hasta que sea capaz de identificar sus emociones internas, permanecerán ahí encerradas dentro de usted. Si no llega a escucharlas, se quedarán ahí escondidas y sin verbalizar. Y como descubrí de un modo extremadamente torpe, aquellas emociones ocultas pueden hacer estragos hasta recibir nombre y ser tratadas.

Esta es la cuestión. Mientras mantenga sus dedos en el botón del volumen, regulando el ruido blanco de su apretada agenda y enmascarando sus sentimientos con la apariencia del éxito u otro hábito de distracción, esas emociones seguirán acumulándose y desarrollándose. Rellenarán las grietas y las hendiduras de su corazón, esperando a ser identificadas y anhelando ser percibidas. De una forma repentina y sorprendente, supe que había estado reprimiendo las emociones que intentaban indicarme algo profundamente importante con respecto a mí, pero no había sacado tiempo para escucharlas, darles nombre o reflexionar en lo que estaban intentando comunicar. Y, tristemente, el dique de mis emociones se rompió. La máquina del ruido blanco dejó de funcionar de repente.

En el silencio que permaneció, pude escuchar esas emociones que había estado refrenando e identifiqué con exactitud lo que estaba sintiendo.

Si usted es líder, no puede permitirse perder el control. En este caso, mi jefe lo entendió y el pequeño derrumbe que sufrí no hizo naufragar mi vida ni mi liderazgo. No obstante, ¿para qué correr el riesgo? Cada uno de nosotros se enfrenta a una elección. Puede elegir apagar el ruido usted solo o, como en mi incómodo episodio, puede aguardar hasta que la máquina de ruido se rompa y este quede apagado para usted.

Espero que acepte el reto de cultivar la curiosidad emocional. Hasta no identificar lo que siente, no podrá aprender a gestionarlo, y si no domina sus emociones, ellas acabarán controlándolo a usted.

Póngales nombre a sus emociones

Aprender a ser un detective emocional es como aprender una lengua extranjera. Mientras más la hable, más familiarizado y cómodo se sentirá con las palabras y las frases. ¡Incluso puede empezar a desarrollar un acento! Conforme aprende a hablar en el idioma emocional, empezará sencillamente a darle nombre a lo que siente. Desarrollará un vocabulario para describirlo. Y conforme su léxico vaya aumentando, se le dará mejor identificar y darles nombre a sus emociones.

Lamentablemente, lo contrario también es verdad.

Tengo varios amigos que estudiaron español en la escuela secundaria. Si nunca ha ido más allá de la clase de español 101 en la escuela secundaria, se quedará atascado con un vocabulario limitado y unas pocas frases primitivas. Usted sabe que eso no es suficiente si quiere comunicarse con un hispanoparlante nativo. El comediante Brian Regan habla de la diferencia entre el español que aprendió en clase y el que oyó en South Beach, en Miami. Imitando a un viejo cubano que fumaba un grueso puro, dice: «Hay muchos libros en la biblioteca... El tractor es rojo... Yo tengo un canario y es lindo».[5]

Usted puede aprender en clase frases de este tipo, y saberlas le ayudará a aprobar el curso, pero no le serán de utilidad si se ve solo en mitad de México. Ni le valdrán para establecer una relación con alguien. A fin de progresar más allá de las aptitudes básicas de comunicación, es necesario que amplíe su vocabulario. Tendrá que aprender la lengua hasta el punto de comenzar a pensar en dicho idioma. Y mientras más tiempo lo hable, más fácil resulta. Las palabras se traducen en sus pensamientos, y la nueva lengua se convierte en un acto reflejo.

Esto mismo es cierto cuando aprendemos la lengua de los sentimientos. Y como en el caso del idioma extranjero, al principio no le vendrá de forma natural. Le exigirá cierto esfuerzo.

A lo largo de los años pasados he estado intentando ampliar mi léxico emocional. Para ayudarme, he mantenido sobre mi escritorio algo llamado «gráfico de sentimientos» (ver pág. XX). Conforme he procurado identificar mis sentimientos con mayor regularidad, me he visto limitado por las palabras relacionadas con los sentimientos que conozco. Mi vocabulario restringió mi capacidad de articular y ponerle nombre a lo que sentía. Tener el gráfico cerca me ha resultado extremadamente útil para expandir mi léxico.

No se avergüence si descubre que necesita algo parecido. A muchos de nosotros no nos enseñaron el lenguaje de los sentimientos en nuestras familias. Tal vez nunca tuvimos a personas que nos hablaran de los suyos ni nos pidieron que compartiéramos los nuestros. Yo tenía un amigo que había pasado hacía poco por un programa de rehabilitación de una adicción y estaba llevando a cabo algunos cambios en su vida. Sin el ruido blanco de su dependencia enmascarando ya sus sentimientos, estaba tomando consciencia de que en su interior había todo tipo de energía emocional contenida que buscaba una vía de salida. Los años de tragarse sus emociones y evitarlas habían limitado su competencia emocional. Él sabía que era emocionalmente inmaduro y que su camino a la recuperación le exigía inscribirse en una clase de lengua extranjera, aprendiendo un nuevo vocabulario para liberar aquellas emociones al escucharlas y ponerles nombre. Con el tiempo pudo crecer en su consciencia emocional, comunicando lo que sentía con mayor precisión y regularidad. Hasta llevaba una pulsera con una lista de emociones que le ayudara a darle rápidamente nombre a lo que estaba sintiendo. Entiendo que puede resultar extraño caminar por la oficina como Peyton Manning con una lista de recordatorios en la muñequera. No obstante, mi amigo conocía la alternativa de primera mano. Era evidente que los años de no poder ponerles nombre a sus emociones no habían funcionado, y en realidad habían conducido a varios resultados dolorosos y embarazosos.

Mientras regresaba a casa tras mi incómoda reunión con mi jefe, me enfoqué en mi corazón como el inspector Clouseau hurgando el escenario de un crimen. Descubrí que estaba buscando frenéticamente el lenguaje para ponerle nombre a lo que estaba sintiendo. Los parámetros de la gráfica perteneciente a mi iglesia afirmaban que yo era un fracaso. Y así me sentía, lo que significaba que estaba experimentando estas emociones:

Vergüenza.

Inadecuación.

Desánimo.

Conduciendo a solas en mi auto, les di nombre a esas emociones en voz alta. Era como pulsar el botón de *reproducir*. Con cada nombre estaba invitando al sentimiento a que me hablara. Y a medida que las palabras salían de mi boca, el volumen y la intensidad de mis sollozos aumentaron. Era como si al darles nombre los autorizara a hablar más fuerte. Sin embargo, por mucho que doliera pronunciar sus nombres, también sabía que era sumamente necesario. Las palabras son llaves que abren la cámara acorazada donde se esconden las emociones. Hasta que les damos nombre, nuestros sentimientos están encarcelados, tras las rejas, incapaces de comunicarse con nosotros de maneras saludables. ¿Por qué había yo —con o sin intención— encerrado lo que sentía? No estaba seguro, pero sí sabía que no me gustaba lo que estas emociones intentaban indicarme con respecto a mí mismo. Todavía no estaba preparado para reconocer que me sentía como un fracasado, porque pronunciarlo en voz alta me hacía sentir débil, y eso no me gustaba.

Incluso después de haber *identificado* la emoción y de *ponerle* nombre, seguimos teniendo mucho trabajo que hacer. En realidad, ahí es donde comienza la tarea a largo plazo. Empezamos a tratar con la emoción formulándole preguntas.

	Felicidad	Afecto	Depresión	Inadecuación	Temor
FUERTES	Encantado Animado Extático Exultante Activo Entusiasmado Eufórico Enardecido Jubiloso Contento Emocionado Satisfecho Encendido Vibrante Enérgico	Cariñoso Ardiente Agradable Compasivo Enloquecido Entregado Adorable Ferviente Idólatra Encaprichado Apasionado Exaltado Venerador Celoso	Enajenado Estéril Golpeado Desolado Sangrante Abatido Deprimido Afligido Descorazonado Taciturno Vacío Sombrío Apenado Adusto Desesperanzado Desesperado Desconsolado Preocupado	Manchado Emborronado Quebrantado Lisiado Estropeado Falso Débil Acabado Defectuoso Desvalido Impotente Inferior Inválido Incapaz Inútil Rendido Dominado Despreciable Cero	Alarmado Consternado Desesperado Angustiado Asustado Horrorizado Intimidado En pánico Paralizado Petrificado Estupefacto Espantado Aterrorizado Destruido
MEDIAS	Radiante Boyante Alegre Elevado Regocijado Feliz De buen humor Jovial Desenfadado Vivaz Alborozado En su apogeo Chispeante Motivado	Admirado Afectuoso Apegado Cariñoso Aficionado a Amable Bueno Bondadoso Amoroso Proclive Delicado Empático Tierno Confiado Cordial	Terrible Triste Alicaído Desmoralizado Devaluado Desalentado Descorazonado Angustiado Abatido Desanimado Harto Perdido Melancólico Desdichado Apesadumbrado Descompuesto Apenado Lloroso Disgustado Emotivo	Enfermo Derrotado Deficiente Atontado Lánguido Inerme Afectado Imperfecto Incapaz Incompetente Incompleto Ineficaz Inepto Insignificante Carente Cojo Abrumado Pequeño Inservible Sin importancia	Asustado Aprensivo Torpe Defensivo Temeroso Inquieto Irritable Alterado Nervioso Azarado Tembloroso Asustadizo Acobardado Tenso Amenazado Desazonado Intranquilo
LIGERAS	Complacido Bien Excelente Genial Alegre Satisfecho Aplicado Agradado Placentero Ufano Sereno Risueño	Agradecido Atento Considerado Amistoso Interesado en Bueno Semejante Respetuoso Reflexivo Tolerante Cálido hacia Flexible	Poco apetitoso Decepcionado Apocado Apesadumbrado Sombrío Alicaído Malhumorado Taciturno Pesimista Subyugado Incómodo Infeliz	Cáustico Incompleto Exiguo Enclenque Flojo Diminuto Incierto Poco convincente Inseguro Frágil Anhelante	Ansioso Cuidadoso Cauto Turbado Azorado Tímido Tenso Huraño Molesto Dudoso Vigilante Preocupado

Confusión	Dolor	Enojo	Soledad	Remordimiento
Desconcertado	Maltratado	Afrentado	Abandonado	Avergonzado
Confundido	Dolorido	Beligerante	Sombrío	Rebajado
Caótico	Atormentado	Amargado	Repudiado	Destituido
Perturbado	Aplastado	Irritado	Apartado	Delincuente
Mareado	Degradado	Enfurecido	Aniquilado	Depravado
Aturdido	Destruido	Colérico	Vacío	Desacreditado
Descompuesto	Devastado	Furioso	Olvidado	Malo
Impresionado	Descartado	Rabioso	Aislado	Desprotegido
Espantado	Desacreditado	Exasperado	Desamparado	Doblegado
Conmocionado	Abandonado	Indignado	Descuidado	Juzgado
Estupefacto	Humillado	Intenso	Excluido	Mortificado
Sorprendido	Burlado	Ultrajado	Marginado	Abochornado
Perplejo	Castigado	Provocado	Rechazado	Pecaminoso
Pasmado	Desechado	Furibundo	Evitado	Perverso
Asombrado	Ridiculizado	Airado		Equivocado
Boquiabierto	Estropeado	Truculento		
Atónito	Escarnecido	Vengativo		
Atrapado	Apuñalado	Rencoroso		
	Torturado	Salvaje		
A la deriva	Enojado	Agravado	Alienado	Afligido
Ambivalente	Subestimado	Molesto	Solo	Avergonzado
Desorientado	Desvalorizado	Antagónico	Alejado	Contrito
Turbado	Criticado	Irascible	Sombrío	Culpable
Despistado	Dañado	Malhumorado	Sin compañía	Menospreciado
Desconcertado	Depreciado	Exasperado	Deprimido	Descorazonado
Desordenado	Devaluado	Airado	Pesimista	Conmocionado
Desorganizado	Desacreditado	Gruñón	Apartado	Infractor
Desasosegado	Afligido	Hostil	Excluido	Arrepentido
Perturbado	Perjudicado	Enfadado	Dejado	Compungido
Confuso	Herido	Indignado	Solitario	Entristecido
Frustrado	Difamado	Encolerizado	Oprimido	Acongojado
Engañado	Marcado	Irritado	No apreciado	Apenado
Equivocado	Insultado	Ofendido		Apesadumbrado
Malentendido	Maltratado	Enojado		Pesaroso
Embrollado	Resentido	Resentido		
Perplejo	Afectado	Dolido		
Aquejado	Usado	Rencoroso		
	Lastimado	Encolerizado		
		Iracundo		
Distraído	Defraudado	Pinchado	Atribulado	Sonrojado
Indeciso	Minimizado	Disgustado	Despegado	Ruboroso
Fastidiado	Ignorado	Consternado	Desanimado	Mortificado
Dubitativo	Apartado	Fastidiado	Distante	Castigado
Inestable	Reprimido	Penoso	Incomunicado	Cabizbajo
Vacilante	Compungido	Impaciente	Nostálgico	Incomodado
	Sensible	Agobiado	Alejado	Vacilante
	Conmovido	Petulante	Separado	Humilde
	Desgraciado	Resentido	Introvertido	Manso
		Hosco		Disgustado
		Estirado		Reservado
				Abochornado

Cuestiona tus emociones

El primer paso para aprender sobre algo consiste en formular preguntas. Aquellos que nunca preguntan, no aprenden. Esto también es cierto con respecto a nuestras emociones. De modo que mantuve un pequeño episodio de preguntas y respuestas conmigo mismo.

Estoy sintiendo vergüenza, pero ¿debería avergonzarme?

Tuve que pensar en esto. No se precipite aquí a responder enseguida. Tómese el tiempo a fin de pensar en la pregunta. ¿Era yo culpable de liderar de un modo mediocre? O para decirlo de un modo más positivo, ¿era culpable de no liderar lo suficientemente bien como para producir crecimiento? Tal vez. Pero ¿debería sentirme avergonzado por ello? Desde luego que no.

Al ocuparme de esta emoción, recibí la bendición de las profundas percepciones de la Dra. Brené Brown. De una manera muy respetuosa, y porque me gusta fingir que somos los mejores amigos, la llamo Brenéneh, como una oda a Sheneneh Jenkins, del programa *Martin* («Oh my goodness!») de principios de la década de 1990. En su increíblemente popular charla TED titulada Escucha a la vergüenza (esa que ha recibido varios millones de reproducciones), la Dra. Brown afirma: «La vergüenza en un enfoque sobre el yo, la culpa es un enfoque sobre la conducta. La vergüenza dice: "Soy malo". La culpa dice: "He hecho algo malo". ¿Cuántos de ustedes estarían dispuestos a reconocer esto? Culpa: Lo siento. Cometí un error. Vergüenza: Lo siento. Soy un error».[6]

Las palabras de la Dra. Brown resonaron en mi cabeza aquel día cuando cuestionaba mis emociones. Quería saber por qué sentía vergüenza y qué necesitaba hacer con aquella emoción. Verá, cada sensación que usted tiene es una emoción válida, una a la que debe prestarle oído, darle nombre (reconocerla) y cuestionarla. Sin embargo, cada emoción que siente no tiene derecho a llevar las riendas. Tenemos la capacidad de escuchar, dar nombre y cuestionar nuestras emociones, y también podemos estar en desacuerdo con ellas. En realidad, esta es una señal de madurez emocional: conforme aprende a entender sus emociones, puede empezar a controlarlas. Tiene que determinar si permitirá que una de ellas lo afecte y de ser así, *cómo* dejará que lo haga. Solo porque la sienta no significa que tenga que internalizarla.

Aquí es donde mi fe se cruza con mi forma de relacionarme con mis emociones. Cuando les presto oído, les doy nombre y las cuestiono, en última instancia tengo que disciplinarme para verlas a través de la lente con la que Dios me ve y según lo que Él ha dicho sobre mí. Porque aunque entender nuestras emociones puede conducirnos a la autoconciencia, ellas no siempre son correctas. Son producto de nuestras circunstancias y nuestra forma de interpretar aquello que nos sucede, las elecciones que hacemos y las acciones que emprendemos. No obstante, usted y yo no somos infalibles. A menudo estamos errados. Cometemos fallos. No siempre entendemos la imagen panorámica. De modo que necesitamos guías que nos ayuden a separar lo que está bien de lo que está mal, lo verdadero de lo falso.

Aquí es donde confío en Dios para que me dirija. Si cuestiona una emoción y lo que esta señala está en conflicto con lo que él afirma sobre usted, es necesario que llegue al fondo de la misma antes de permitir que se hunda más en su interior. La vergüenza es particularmente voluble, está ansiosa por hablarle a nuestro dolor y nuestra inadecuación, pero ya sea que se sienta usted fracasado o exitoso, no puede permitir que estas palabras lo definan. Debe aprender a enfrentarse a sus emociones con la verdad, a hablarse a sí mismo por el bien de su propia confianza y su autoestima.

¿Qué hay de la inadecuación? ¿Debería permitirme sentirla?

Esta emoción fue más complicada. Pensé: *¿Habrá cosas en mi vida que yo no pueda hacer?* Sí, sin duda. Como cuando comento que jugué al béisbol en la escuela secundaria. Digo que lo hice, pero solo fui miembro del equipo escolar. En realidad, casi no jugué. Si basara toda mi salud emocional en el hecho de si tuve éxito o no en ese ámbito particular de mi vida, me habría sentido del todo inadecuado, como un terrible fracaso. Y la verdad sea dicha, mis aptitudes para el béisbol, mi deseo de jugar y mi ética de trabajo a la hora de entrenar eran, todos ellos, inapropiados o no daban la talla para el nivel de la escuela secundaria. Sin embargo, mi verdadera incompetencia en esta parte de mi vida no significa que sea deficiente como ser humano. Esto mismo es cierto con respecto a mis aptitudes y capacidades en otras esferas de la vida. Por supuesto, enfrentaré problemas que no soy capaz de resolver. Todos somos más hábiles en unos ámbitos que en otros, pero permitir que mi éxito o mi fracaso en un campo en particular —y las emociones que resultan de ello— me definan o califiquen es una receta para el desastre. Los calificativos revelan más acerca de nuestro pasado que sobre nuestro futuro.

> Los calificativos revelan más acerca de nuestro pasado que sobre nuestro futuro.

**Está bien. ¿Y qué hay del desaliento que estoy sintiendo?
¿Es bueno o malo?**

Durante los últimos años me he estado reuniendo con un entrenador personal que me ha ayudado enormemente. Roger Federer tiene uno, ¿por qué no lo iba a tener yo? Guardo una lista con sus conocimientos, pero lo que me ayudó de verdad en aquel trayecto en auto fue algo que me había comentado en cuanto a mis emociones negativas: *No muerda el anzuelo.*

En otras palabras, no crea lo que sus emociones afirmen sobre usted. Pruebe y evalúe. En períodos cruciales de inestabilidad, en cualquier ámbito de su vida, existirá la tentación recurrente de caer en la trampa cuando sienta fuertes emociones negativas. Ya sea la pérdida de un empleo, un conflicto marital, la fase rebelde de un niño, un desplome financiero o un sombrío pronóstico de salud, sus potentes sentimientos de inseguridad y autocompasión, o tal vez de enojo, amargura y resentimiento, se apoderarán de usted. Nos ocurre a todos, y el desaliento es una emoción con la que se debe tratar de forma directa. Formule las preguntas. Aprenda lo que se supone que tiene que aprender, pero no deje que lo que la emoción diga sobre usted lo defina. Trate la situación como un experimento en el laboratorio de la vida, algo de lo que hay que aprender, pero niéguese a morder el anzuelo de las emociones negativas que resulten de ella.

«AHORA O NUNCA» RARA VEZ ES CORRECTO

Yo no tenía por qué procesar cada emoción que sentía aquel día. Podía haber esperado, pero me alegro de no haberlo hecho. Con frecuencia escuchamos a las personas expresar el consabido dicho «ahora o nunca», pero la verdad es que esto rara vez se trata de ahora o nunca. Si usted ha empezado a prestarles oído a sus emociones, pero no ha ido más lejos ni les ha puesto nombre ni las ha cuestionado, puede comenzar hoy. Puede dejarlo para la semana que viene. O tal vez ya haya abordado parte del esfuerzo, pero está pensando en abandonarlo, porque las cosas se van poniendo difíciles. No pasa nada por tomarse un respiro. Concédase algún espacio. Aplácelo durante un tiempo, pero no se le ocurra no retomarlo de nuevo. Aunque rara vez es «ahora o nunca», mientras más aguarde más le costará.

¿Y si yo hubiera permitido ese día que las emociones encerradas en mi interior siguieran enconándose? Lo más probable es que me hubieran causado más problemas que unas cuantas lágrimas delante de mi jefe. A la larga, podrían haber afectado mi capacidad de liderar en todos los ámbitos de mi vida. Si no me hubiera tomado el tiempo de ocuparme de ellas, podrían haber destrozado mi confianza o producido amargura en el futuro. Afortunadamente, se me concedió el espacio necesario y los consejeros adecuados para que me ayudaran a procesar cómo me sentía.

Y esta es la cosa. Aunque estoy escribiendo este libro, lo hago como compañero de aprendizaje en este viaje. Todo no ha acabado. Mientras escribo, existe la tentación de invocar a esas viejas voces y dejarlas realizar sus juegos mentales. O peor aún, también está la tentación de sacar la máquina de ruido blanco y volver a subir el volumen para poder enmascarar lo que estoy sintiendo.

Ninguna opción es saludable. Una vez más, tenemos que bajar el volumen lo suficiente y durante bastante tiempo para poder ser implacablemente curiosos, aprender a escuchar a nuestras emociones, ponerles nombre y después cuestionarlas. Si no he aprendido nunca cómo hacerlo, nunca avanzaré en el viaje hacia la salud emocional y la madurez. Y por la gracia de Dios, aunque ni siquiera me encuentro cerca del lugar donde debería estar, tampoco estoy donde una vez me hallé. Todo empieza cuando uno se convierte en un detective emocional.

En el capítulo siguiente aprenderemos otra aptitud esencial para llegar a ser emocionalmente saludable. Quiero enseñarle a formar hábitos que anulen el ruido y le otorguen espacio a esa curiosidad implacable. Usted no tiene por qué creer todo lo que piense ni aceptar todo lo que siente, pero hasta que no establezca la costumbre de explorar esos ámbitos de su mundo interno, siempre reaccionará a sus emociones.

No obstante, no avancemos demasiado rápido. Llegaremos ahí enseguida. Hasta entonces, aquí tiene una rápida revisión de lo que hemos visto en este capítulo.

RESUMEN DEL CAPÍTULO

1. Todos los líderes se enfrentan a la fuerte tentación de enfocarse en los resultados externos mientras pasan por alto el trabajo interno que exige la salud emocional.
2. La salud emocional comienza con la conciencia emocional. Para estar más al tanto de lo que hay en su interior, debe entrenarse para ser un detective emocional.
3. Convertirse en un detective emocional exige tres cosas: escuchar a sus emociones, ponerles nombre y cuestionarlas.

4. Los grandes líderes aprenden cómo reducir el ruido lo suficiente y durante bastante tiempo como para ser implacablemente curiosos con respecto a sus emociones.

5. Las decisiones internas e invisibles para desarrollar la salud emocional determinarán la limitación de su liderazgo. Esas resoluciones invisibles son las que fomentarán sus resultados visibles como líder.

CAPÍTULO 5

HÁBITOS QUE ANULAN EL RUIDO

Mi objetivo al escribir este libro no es intentar hacerlo más emocional. Mi cometido no es cambiar su personalidad ni convertirlo en una persona más sentimental. Ya usted es un ser emocional y no necesita serlo *más*; en cambio, necesita ser emocionalmente *más consciente*. Precisa encontrar espacio para sintonizar las emociones que ya se encuentran en su interior. Estas siempre están indicándole algo, intentando comunicarse con usted. Y si no baja el volumen lo suficiente y durante un tiempo lo bastante largo como para prestar atención, no será capaz de lidiar con la emoción. A menos que las escuche, les ponga nombre y les formule preguntas a sus emociones, estas acabarán por dominarlo.

Como cualquier otra cosa en la vida que importa de verdad, la consciencia emocional no puede ser cosa de un día. Es más que un buen episodio de llanto o la visita a un consejero. Me estoy refiriendo a convertir esto en un hábito, algo que se vuelve una rutina, como cepillarse los dientes.

LAS VIEJAS COSTUMBRES NUNCA MUEREN

Nuestro hijo de ocho años es un buscavidas. Siempre lo ha sido. Nunca olvidaré cuando lo llevé al parque, acabando de cumplir un año. Estaba aprendiendo a caminar y le encantaba esta libertad recién hallada de poder ir desde el punto A al B por sí solo. Después de deslizarse por uno de los toboganes de nuestro parque infantil, se dio la vuelta, vio desde dónde había venido, e hizo lo que cualquier otro niño ha hecho alguna vez. Intentó caminar tobogán arriba. ¿Por qué es más divertido subir que deslizarse tobogán abajo? Lo observé aquella tarde mientras se esforzaba incansablemente a fin de subir por aquel artilugio. A menos que actuara con deliberación y precaución al colocar los pies, sus zapatillas de deporte no le proporcionarían el suficiente agarre para ganar la ventaja que necesitaba y escalar por la fuerte pendiente. Sin embargo, él no se iba a detener. Sudaba profusamente y estaba muy enfocado en subir por el tobogán, y yo tuve que admirar su perseverancia y su compromiso. Pensé: *Este niño es un ganador, un verdadero ambicioso. Espero que nunca pierda esa cualidad.*

Esa fue mi cavilación, porque sabía que él *necesitaría* esa cualidad. No había nacido con el gen atlético superior que produce tantos grandes atletas. Si yo tuviera esa secuencia de ADN, se la habría dado, pero ya sabe lo que se dice: no se puede dar lo que no se tiene. Él es un atleta decente, pero sé que se va a tener que esforzar mucho para superar la media.

Su obsesión deportiva actual es el baloncesto. Le encanta. Tan pronto como llego a casa del trabajo, me está esperando a la entrada para jugar uno contra otro. Yo no soy un experto en la materia, de manera que no me las doy demasiado de entrenador con él. Mientras más hemos jugado, más he notado que hace sus tiros bajo el aro de manera incorrecta. Cuando dribla hacia la canasta para lanzar el balón, salta sobre el pie derecho para tirar con la derecha, en lugar de usar el pie izquierdo. Por supuesto, intenté explicarle por qué los jugadores saltan con el pie izquierdo para anotar una canasta con la mano derecha y viceversa. Sin embargo, he de reconocer con franqueza que al desconocer por qué se hace así, no pude explicárselo demasiado bien. Fue uno de esos momentos de la vida cuando, como padre, uno se encoge de hombros y admite: «No sé por qué. Sencillamente, así es como funciona».

Por desgracia, siguió haciéndolo a su manera. Durante meses intenté otras formas de explicárselo, pero mis palabras nunca tenían sentido para él, hasta que su entrenador de baloncesto le indicó que corrigiera su técnica. Es asombroso cómo otro adulto puede expresar exactamente lo mismo que has venido diciendo de un modo algo distinto y de repente tiene todo el sentido del mundo. Por la razón que sea, tan pronto como su entrenador le dijo algo, eso adquirió una importancia increíble. Estaba decidido a cambiar su método.

Lamentablemente, no ha sido una cosa fácil de arreglar. Durante toda su vida, cada vez que ha saltado por encima de una raya en la calle, una rendija en la acera o un tronco en el bosque, lo ha hecho apoyándose en el pie derecho. Por lo tanto, cambiar al otro pie le requiere mucha dedicación. Sin embargo, no se rinde. Acabará consiguiéndolo.

La cruzada de mi hijo para aprender a saltar afirmándose sobre el pie distinto no varía de la nuestra por modificar un hábito arraigado en nuestra vida. Cuando hemos destinado años de nuestra vida a desarrollar un hábito, alterarlo requiere esfuerzo. Y ocurre lo mismo con nuestras costumbres emocionales. Si las emociones internas que usted tiene han creado unos patrones habituales, esos cambios no se producirán de la noche a la mañana. Reformar lo que ya se ha convertido en una rutina exigirá compromiso, intencionalidad y diligencia. Las viejas costumbres nunca mueren.

La única forma de combatir los viejos hábitos de distracción es desarrollando hábitos nuevos con los que crear espacio para la curiosidad emocional.

ANULACIÓN DEL RUIDO

La única forma de combatir los viejos hábitos de distracción es desarrollando hábitos nuevos con los que crear espacio para la curiosidad emocional. Estos hábitos nuevos proveen la infraestructura de los cuatro capítulos siguientes: descubrir el por qué, hablar con usted mismo, callar y pulsar la pausa. Los grandes líderes practican estos hábitos de manera deliberada y sistemática para crear y mantener la salud emocional. La línea de tendencia de la progresión de su profesión será paralela a la de su salud emocional. A medida que crezca en esta última, su influencia aumentará. Conforme mayor sea su influencia, más oportunidades tendrá. Esta correlación no podría ser más importante.

¿Ha usado alguna vez unos auriculares antirruido? Son absolutamente geniales. En realidad hay dos tipos: activo y pasivo. Los pasivos, menos interesantes, suelen ser más pesados, porque contienen la clase de material necesario para bloquear el ruido. Compárelos con una pared construida con elementos más espesos y con un acolchado de mayor densidad y otros componentes que filtran el sonido para disminuir el ruido no deseado. Sin embargo, en mi libro, ellos no tienen comparación con los auriculares antirruido activos.

Los activos no solo son más efectivos, sino también mucho más interesantes. Estas proezas de la magia del audio buscan las frecuencias para bloquearlas. Una vez que encuentran una frecuencia indeseada, crean «sus propias ondas de sonido que imitan el ruido entrante en todos los aspectos excepto uno: las ondas sonoras de los auriculares están ciento ochenta grados fuera de fase con las ondas intrusas. Esto significa que alrededor de setenta por ciento del ruido ambiental queda eficazmente bloqueado, convirtiendo así este dispositivo en el ideal para viajar en avión o tren, para el entorno de una oficina abierta, o para cualquier otro lugar con alto nivel de ruido de fondo».[1] ¡Qué concepto tan fantástico!

Del mismo modo, a fin de que usted consiga el espacio óptimo para la exploración personal y el crecimiento, necesita emplear ciertos hábitos con el objetivo de anular las distracciones que interfieren con su salud emocional. Para crecer como líder, padre, amigo, maestro o consejero, tiene que poner en práctica estas costumbres a diario. Ah, y la mejor parte de esto es que las prácticas no cuestan ni por asomo tanto como unos auriculares que bloquean el ruido. Curiosamente, usarlas es gratuito, pero elegir no hacerlo tiene un alto precio.

UNA CIUDAD SIN MUROS

Desde mi adolescencia he estado leyendo el libro de los dichos sabios, escrito en su mayor parte por el rey Salomón y conocido como Proverbios. Si usted se halla en una función nueva de liderazgo o siente en estos momentos que los problemas lo superan, el libro de Proverbios es un gran recurso para afirmarse en la sabiduría común; crucial para todos los ámbitos de la vida. Salomón usa una maravillosa imagen a fin de mostrar cómo es carecer de conciencia y salud emocional en Proverbios 25:28: «Como ciudad derribada y sin muro es el hombre cuyo espíritu no tiene rienda» (RVR1960).

Imagine una ciudad antigua sin la protección o la sofisticada tecnología de nuestro ejército moderno. ¿Qué mantenía a salvo a los habitantes en aquellos tiempos? ¿Qué les proporcionaba a los ciudadanos la sensación de seguridad? El muro que rodeaba la ciudad. Sin él, la localidad siempre era vulnerable ante el ataque de los enemigos. Y en este proverbio tenemos la ilustración de un «hombre cuyo espíritu no tiene rienda», una persona emocionalmente inestable. Se trata de alguien fácilmente manipulable y que está controlado por cómo se siente. Piense en una persona que se aíra enseguida, que no puede resistirse al impulso de comprar, a quien se manipula emocional o incluso sexualmente sin problemas en una relación sentimental. Como ciudad sin muros, esas personas están indefensas, son fácil presa para otros que quieren dominarlas o aprovecharse de ellas. Y todo porque no son capaces de lidiar con sus emociones.

Hay muchos ejemplos de esto también en el mundo del liderazgo. No hay que ir muy lejos. Se trata del director que se siente amenazado por el talento del nuevo contratado. Del líder de equipo que habla demasiado por su incesante necesidad de atención. De la analista cuya profunda inseguridad le impide opinar por miedo a equivocarse. En cada ejemplo, probablemente usted pueda imaginar algunas de las consecuencias de que esa persona no preste atención a lo que está sucediendo en su interior.

LAS FUERZAS INVISIBLES E INTANGIBLES

Los grandes líderes suelen tener hábitos inusuales que crean conductas inusuales. Sin embargo, estas costumbres exigen un autoliderazgo. Usted necesita ser intencional con respecto a contrarrestar las prácticas arraigadas y poco saludables que ha ido formando. En algunos casos, tiene que elegir hacer lo contrario a lo que dictan su intuición y sus instintos. Para los líderes acostumbrados a «seguir sus corazonadas», esto puede ser una lección difícil.

George Costanza tuvo que aprenderlo por la fuerza. En uno de los mejores episodios de *Seinfeld* que se hayan emitido, «The Opposite» [Lo opuesto], George se da cuenta de que cada decisión que ha tomado ha sido errónea, y su vida se ha convertido en exactamente lo contrario de lo que debería ser. «Hoy, sentado ahí afuera, me quedó muy claro que todas las decisiones que he hecho en toda mi vida han sido equivocadas. Mi vida es lo opuesto a todo lo que quiero ser. Todo mi instinto, en cada aspecto de la vida, ya sea con respecto a vestirme, a comer... todo ha sido errado».[2] La única forma de que George vea los resultados que desea es haciendo algo radical de manera deliberada, escogiendo lo opuesto a cada impulso que sienta para avanzar. Es una idea divertida, pero la respuesta de George en ocasiones es bastante adecuada.

Como líder, he descubierto que las fuerzas que me mantienen enfocado en los resultados externos son extremadamente poderosas. Con anterioridad hablamos del eje de la distracción: la apariencia del éxito, la fascinación con el progreso y el atractivo de la certeza. Cualquiera que sea la distracción que usted identifique como la principal de su vida, se halle o no entre los miembros del eje o sea un aliado más pequeño como las redes sociales o las compras en línea, apagar de forma sistemática el ruido blanco en su vida le exigirá un cambio radical en usted mismo y en las

Sin embargo, son los hábitos invisibles de la autorreflexión, el autoexamen y el autodescubrimiento los que le permitirán desarrollarse y convertirse en el líder que usted quiere ser.

elecciones que haga. Precisará aprender nuevos hábitos que anulen el ruido. Tendrá que deshacerse de las distracciones internas para poder centrarse en las acciones externas, porque los grandes líderes toman decisiones invisibles que conducen a resultados visibles.

Cuando se ponga en marcha hacia la salud emocional y una mayor autoconciencia, todo lo que haya en usted querrá enfocarse en los resultados visibles. Tal vez se sienta arrastrado hacia las cosas que otros alaban en usted, las que consiguen la palmadita en la espalda y las felicitaciones por un trabajo bien hecho. Sin embargo, son los hábitos invisibles de la autorreflexión, el autoexamen y el autodescubrimiento los que le permitirán desarrollarse y convertirse en el líder que usted quiere ser.

He visto a mi jefe y mentor, Andy Stanley, llevar a cabo estos hábitos con tal regularidad que al principio ni siquiera lo noté. No obstante, mientras más tiempo llevo trabajando para él, más he llegado a valorar los hábitos personales del crecimiento y el desarrollo que se hallan detrás de su liderazgo y su eficiencia. Para los líderes, la tentación constante es ganar poder, prestigio y popularidad, y después dejar de crecer. Una vez llegan a la meta, su curiosidad cesa. Ya no formulan preguntas, a veces evitan el riesgo de tener que cambiar algo o de admitir debilidad. Cada líder se enfrenta a esta tentación.

Y es por eso que valoro lo que he aprendido al trabajar con Andy. Él ostenta esa posición de poder, prestigio y popularidad en nuestra cultura organizacional más amplia. Posee aquello que tantos están buscando, y sin embargo, sigue dispuesto a mirar a su interior para garantizar el autodescubrimiento y la autoevaluación. A pesar de todo lo que ha hecho y logrado, todavía es emocionalmente curioso.

Hace unos cuantos años un miembro de nuestro personal con un gran talento se marchó para trabajar en otra iglesia. Al ser la lealtad un valor altamente valorado en muchas congregaciones, cuando un miembro activo se va es muy común que su partida se considere desleal y hasta una traición con respecto a la misión. «¡Que te vaya bien! Vete y cierra la puerta detrás de ti», describe el sentimiento de algunos cuando estos se van. Nosotros no hacemos las cosas así. Como organización, elegimos celebrar con las personas cuando se marchan, o al menos tratamos de luchar contra los sentimientos heridos que son demasiado naturales en esas situaciones.

Unos tres meses después de que este miembro del personal abandonara nuestra iglesia, cambió de idea, tuvo una reversión completa. Volvió a ver a su jefe con el rabo entre las patas y le preguntó si podía recuperar su antiguo empleo. Habíamos iniciado el proceso de contratarlo de nuevo cuando Andy se enteró. De inmediato me envió una nota y me pidió que me detuviera hasta que hubiéramos hablado sobre el tema. No era habitual que Andy se inmiscuyera en la organización a este nivel de toma de decisiones. Enseguida supe que algo lo hacía sentir incómodo con respecto a volver a contratar a esa persona.

Francamente, a mí me frustraba un poco que se involucrara en lo que yo consideraba un asunto rutinario. No era algo que le afectara directamente a él, y tuve que hacer un esfuerzo por no morder el anzuelo de mis emociones negativas. Tuve que escoger creer, en cambio, que Andy tenía en mente nuestros mejores intereses. Me tomé algún tiempo a solas para trabajar en mis propias emociones, y por fin pude sentarme con Andy y debatir la cuestión.

Cuando hablamos, me percaté de que él había llevado a cabo una gran inspección personal. Andy practica los hábitos de escuchar a sus emociones, ponerles nombre y cuestionarlas con gran regularidad, además de poseer un alto nivel de autoconciencia, y esas elecciones «invisibles» han conducido sin lugar a duda a unos resultados visibles a lo largo de los años. De modo que no me sorprendió que se hubiera ocupado de sus emociones.

Andy me contó cómo todavía escucha las voces de sus anteriores jefes en su cabeza cuando alguien se va. *Deséale suerte, pero sigue avanzando con la mente fija en el futuro.* Reconocía que cada situación es diferente y que solo porque alguien se marche no significa que debiéramos evitar volver a contratarlo. Si la persona tiene talento y se fue en buenos términos, no hay razón por la que no debiéramos emplearlo de nuevo. Andy tenía unas cuantas preguntas específicas que hacer sobre la situación, y después nos dio permiso para seguir adelante con el contrato. Se disculpó por el retraso.

Aquel día quedé impresionado al ver de primera mano cómo un gran líder había tomado una serie de decisiones internas invisibles, procesando sus emociones y formulándose a sí mismo buenas preguntas para poder tomar decisiones externas sabias. Y yo sabía que esto era algo que solía hacer con regularidad, a diario y que facilitaba su desarrollo y su crecimiento personal.

En los capítulos siguientes quiero ser práctico. Hasta este momento me he esforzado por darle una visión de por qué todo esto es importante. Espero haberlo convencido. No obstante, como con cualquier otra cosa, la aceptación verdadera se produce cuando se empiezan a practicar los hábitos. Por lo tanto, en los cuatro capítulos siguientes le presentaré los hábitos esenciales que necesita integrar a su vida.

Esta es mi advertencia para usted. Nadie lo elogiará por tomar estas decisiones invisibles. En realidad, si las practica correctamente, es probable que los demás ni siquiera noten que las está llevando a cabo. Estas son las conductas y los hábitos que le permitirán apagar con regularidad el ruido blanco y le ayudarán a crecer hasta alcanzar una mayor salud emocional.

CAPÍTULO 6

HÁBITO UNO: ENCONTRAR LA SIMPLICIDAD

¿Cuándo fue la última vez que vio una película de Pixar? Debido a que nosotros tenemos niños pequeños, nos parece que lo único que vemos son filmes animados. Aunque los he visto todos unas diecisiete veces, siempre hay algo que me conmueve. No me avergüenza admitir que lloré con *Toy Story 3*... y con *Up: una aventura de altura*... y también con *Del revés*. ¡Estas películas estremecen mis fibras más sensibles! Las personas que están detrás de estos filmes saben cómo contar historias que funcionan, simple y llanamente.

Todo se relaciona con la sencillez. Aunque las películas de Pixar son enormemente creativas y cada vez más ingeniosas, también son simples. Formulan preguntas elementales y las contestan. ¿Y si los juguetes estuvieran de verdad vivos? ¿Qué será capaz de hacer alguien para cumplir el objetivo de toda su vida? ¿Y si nuestros sentimientos fueran personas dentro de nuestra cabeza? Estas plataformas de lanzamiento son las que catapultan los filmes de Pixar para convertirlos en historias increíbles.

Andrew Stanton, cineasta ganador de un Óscar, es el responsable de muchos de los clásicos de Pixar. En su charla TED titulada «Las claves para una gran historia», habla de la importancia de la sencillez cuando se trata de crear un personaje fascinante: «Todos los personajes bien perfilados tienen una columna vertebral. Y la idea consiste en que tengan un motor interno, un objetivo dominante e inconsciente por el que están luchando, una picazón que no se pueden rascar [...] El robot de WALL-E: *batallón de limpieza* debía encontrar la belleza. Marlin, el padre en *Buscando a Nemo*, tenía que evitar el daño. Y Woody debía hacer lo mejor para su niño».[1]

Lo mismo ocurre con usted y conmigo. Tenemos una columna vertebral. Hay algo que nos impulsa. Puede ser un conjunto de valores o una forma de ver el mundo. Quizás una meta que queremos alcanzar o una persona a la que deseamos apaciguar. En lo más profundo de nosotros, algo nos empuja a actuar y comportarnos como lo hacemos. En realidad es bastante sencillo.

Si al leer este libro su propósito es aprender a liderarse a sí mismo, este es probablemente el mejor lugar por donde empezar. Encuentre esa frase que define por qué hace las cosas que hace, y es posible que tenga repercusiones masivas en el progreso de su vida. Cuando sea capaz de definir su *porqué* —y con esto me refiero a la respuesta a cada interrogante de «¿por qué hace lo que hace?»— puede empezar a vivir y liderar con eficacia. Descubrir el porqué lo ayudará a encontrar la tracción en la vida que genera impulso, y esto evitará que las distracciones lo frenen.

Es probable que sepa que Michael Jordan —el mejor jugador de baloncesto de todos los tiempos (lo siento, LeBron)— fue apartado de su equipo de baloncesto de la escuela secundaria mientras era estudiante de segundo año. Más tarde, afirmó que cuando hacía ejercicio y se sentía cansado o quería detenerse, cerraba los ojos y pensaba en la lista de los jugadores universitarios de dicho deporte que tenían en el vestuario de la escuela en la que no aparecía su nombre. Y esto era lo que volvía a motivarlo.

Este capítulo no es una lección sobre esforzarse más. No trata de recordar sus fallos y usarlos como motivación. Tiene que ver con saber cuál es su *porqué*. Para Michael Jordan, esa lista del vestuario era el recordatorio tangible de que quería ser el mejor. Deseaba jugar en el nivel siguiente de baloncesto. Esa era su fuerza motivadora o su «columna vertebral», como diría Andrew Stanton.

¿Cuál es la suya? ¿Qué lo está impulsando? La sepa o no en este momento, esa pregunta tiene una respuesta. Algo en su interior lo está empujando para que sea la persona que es, aunque ello requiera que se formule algunas buenas preguntas sobre usted mismo a fin de descubrirlo.

En la charla TED de Andrew Stanton, él argumenta que todos tenemos «columnas vertebrales» que son inalterables y, en última instancia, están fuera de control. Afirma que estamos programados de una cierta manera, que esto es lo que nos hace funcionar y que no podemos hacer nada al respecto. Aquí es donde él y yo discrepamos.

Los seres humanos no son robots. Usted está hecho de carne y hueso. Tiene deseos y ambiciones. Y tiene el poder de cambiar y escoger. El antiguo profeta Isaías usa una interesante metáfora para describir cómo fuimos creados:

> A pesar de todo, Señor, tú eres nuestro Padre;
> nosotros somos el barro, y tú el alfarero.
> Todos somos obra de tu mano (Isaías 64:8)

¿Ha entendido eso? *Somos barro.* Yo no soy artista, pero he jugado antes con la plastilina junto a mis hijos, y sé que está hecha para ser moldeada y darle distintas formas. Dios no lo ha programado para una sola tarea repetitiva. Él lo está moldeando *para* algo, pero usted no es un robot que sigue el código de una computadora. Usted es una obra de arte, un ser maleable creado para cambiar y ser cambiado.

¿Se ha unido ya a Marie Kondo? Escuché hablar de ella por primera vez hace unos años, en realidad antes de darle un vistazo a su programa *Ordenando con Marie Kondo.* Ahora ella tiene a toda mi familia fascinada y no me explico la razón. De alguna manera se ha tropezado con un *porqué* que parece hablarles a millones de personas: el gozo. Es evidente que dentro de cada uno de nosotros existe el profundo deseo de encontrar el gozo. De modo que en su proceso de «ordenar», ella hace que las personas saquen todas sus cosas del armario, hagan una gran pila y las repasen una a una. Las conmina a sostener el artículo en alto y formular una sencilla pregunta: «¿Te hace esto feliz?».

No estoy bromeando, ahora mis hijos abren la despensa, toman un paquete de cereales y preguntan: «¿Te hace esto feliz?». Soy pastor de tiempo completo y les he predicado a mis niños durante toda su vida, pero esta pequeña japonesa que apenas habla inglés irrumpe en nuestra familia y hace más para ayudar a nuestros retoños a encontrar su porqué de lo que yo haya hecho jamás. No, no estoy furioso. Solo me estoy desahogando.

Verá, usted no tiene que ser Marie Kondo para hacer esto bien. Todos hemos nacido con ciertas predisposiciones y hemos crecido con unos patrones de conducta inculcados, pero estas cosas pueden cambiar y ajustarse según lo que queramos de la vida. Haber nacido en un cierto tipo de familia no significa que tenga que crear el mismo tipo de familia también. Por supuesto, si no es consciente de los hábitos, los patrones y las emociones que moldean su vida, puede acabar repitiendo los errores del pasado. Esta es una razón clave por la que necesitamos crecer en nuestra consciencia emocional. Sin embargo, la buena noticia es que usted *puede* aprender, crecer, cambiar y adaptarse. Y tal vez hoy sea su oportunidad de empezar a hacerlo.

La nueva sección de este capítulo trata sobre simplificar sus hábitos y su estilo de vida, pero usted no puede hacer esto sin simplificarse *a sí mismo*. Desconocerá qué costumbres y estrategias de trabajo son importantes o eficaces si no sabe a qué meta van dirigidas. Los buenos líderes tienen claras tres cosas: de dónde vienen, a dónde van y cómo llegarán hasta allí. La disciplina de la simplicidad investiga la primera de estas cosas: de dónde viene usted.

Por tanto, aquí tiene algunas preguntas para comenzar. ¿Cuál es su frase de impulso? ¿Cuáles son sus rudimentos? ¿Cuál es su «columna vertebral»? ¿Qué lista de jugadores de la universidad le recuerda de dónde procede y por qué quiere ir a otro lugar? ¿Cuál es su porqué?

No son preguntas fáciles de responder. Tampoco espero que las conteste ahora mismo mientras lee esto. Además, es probable que aun teniendo una respuesta, esta no le guste. No permita que esto lo frustre. Una vez que defina qué impulsa su forma de liderar y vivir, tendrá el filtro para determinar de qué distracciones puede prescindir.

LIMPIE SU ARMARIO

Mark Zuckerberg solo tiene una camiseta.

Está bien, eso no es exactamente verdad. Mark Zuckerberg tiene múltiples versiones de una misma camiseta. Haga una búsqueda rápida en Google Image sobre él y verá que, cuando no viste traje, casi siempre lleva una camiseta gris lisa. Eso es un tanto extraño, ¿verdad? Quiero decir, el tipo inventó Facebook. Cabría pensar que posee una suma de dinero que le permitiría comprar grandes cantidades de cualquier clase de camiseta que quisiera. Borre eso: él tiene dinero para comprar tantas *compañías* de camisetas como desee.

Sin embargo, se diría que usa la misma camiseta a propósito. En una entrevista, le preguntaron a Zuckerberg por qué se viste siempre igual. Contestó: «Quiero limpiar verdaderamente mi vida para tener que tomar las menos decisiones posibles sobre algo que no sea servir mejor a esta comunidad».[2] Por mucho que queramos burlarnos de la idea de una sola camiseta, no es algo tan disparatado.

Para empezar, Zuckerberg conoce su porqué. Sabe que su trabajo consiste en servir mejor a su comunidad. Fíjese en la forma tan sencilla de expresarlo. Cinco palabras: «servir mejor a su comunidad». Y una vez simplificado su porqué, consideró su vida (o en realidad su armario) y empezó a simplificarlo todo hasta mantener solo las cosas que apoyan su porqué. Y para él, escoger qué ponerse cada día no lo apoyaba, de modo que prescindió de ello.

Tengo que admitir que yo dedicaba cada día un tiempo considerable buscando en mi armario y revisando los cajones de mi cómoda, por no hablar de pararme delante del espejo y darme cuenta de que me había puesto la camiseta al revés. Y aunque usted sea alguien que se viste enseguida, ese tiempo se suma. Piense en ello.

Supongamos que le lleva cinco minutos vestirse por la mañana. Yo necesito unos diez minutos por cada niño que tengo que preparar, pero le concederé el beneficio de la duda. Esto significa que dedica veinticinco minutos a la semana a vestirse (suponiendo que se quede en pijama todo el fin de semana). Multiplique esa cifra por las cincuenta y dos semanas que tiene un año y está empleando mil trescientos minutos al año a ponerse la ropa. Son veintiuna horas en total... ¡casi un día completo!

La simplicidad aporta claridad.

Ahora bien, no le estoy diciendo que tenga que deshacerse de todas sus camisetas, excepto las de un color, sino que Mark Zuckerberg es un buen ejemplo de cómo convertir el concepto de la simplicidad en una práctica, en hábitos y decisiones cotidianos. Nuestra vida se vuelve más óptima cuando resolvemos simplificar las cosas. Y esta simplicidad provee claridad y enfoque.

¿Se ha parado alguna vez delante de su armario y se ha sentido completamente abrumado? Diferentes camisetas, chaquetas y pantalones cuelgan de él o están doblados en montones, y no tiene la más mínima idea de qué ponerse. Se reunirá con sus parientes políticos para cenar y el traje de su boda le parece demasiado formal, pero sabe que su vieja camiseta de la universidad tampoco es adecuada. De modo que mira dos o tres camisas de botones — haciendo una pausa momentánea para preguntarse dónde estará la de botones perlados y el tigre holográfico en la espalda— antes de pedirle ayuda a su esposa.

Ahora piense en el armario de Mark Zuckerberg. Cuando él contempla su armario, al instante ve todas sus opciones. Me imagino diez camisetas idénticas en perchas y unos cuantos pares de pantalones vaqueros doblados junto a ellas. Eso es todo. Lo que se va a poner es absolutamente obvio.

Para la mayoría de nosotros toda esta idea de un armario sencillo suena aburrida, pero no podemos negar que la simplicidad produce claridad. Mientras que usted y yo tenemos docenas de atuendos entre los cuales elegir, Mark Zuckerberg descuelga una camiseta sin mirarla dos veces. La simplicidad aporta claridad. No obstante, ¿cómo se aplica esto a su vida? No lo estoy alentando a deshacerse de toda su ropa. Sin embargo, esta metáfora puede resultar sumamente útil cuando pensamos en nuestra vida como si fuera nuestro armario. Porque, si somos sinceros, la mayor parte de nuestra existencia está repleta de cosas, quizás hasta el punto de no poder abrir la puerta sin que se caigan. Por ello quiero que respondamos a algunas preguntas.

¿Qué cosas ya no necesita?

¿De qué puede permitirse prescindir?

¿Cuáles son las cosas que le están apartando de lo que más importa?

¿Y cómo puede organizar su vida a modo de armario, sabiendo con exactitud lo que está buscando y viendo al instante aquello que importa?

En realidad, lo que quiere saber es esto: ¿cuál es su camiseta gris? Mejor aún, ¿cuáles son sus cosas imprescindibles? Y recuerde, las respuestas a esta interrogante surgirán de lo que haya contestado a la pregunta anterior: ¿cuál es su porqué?

Mark Zuckerberg no empezó limpiando su armario. Primero se tomó el tiempo para sintetizar por qué hacía lo que hacía, y una vez que entendió esto, emprendió acción para enfocarse solamente en las cosas que importaban. Y eso es lo que queremos hacer aquí.

COMBINAR EL QUÉ CON EL PORQUÉ

¿Cómo determinamos entonces lo que es imprescindible para nosotros? Si hemos comprendido correctamente nuestro porqué,

¿cómo podemos empezar a priorizar aquello que lo respalda? Para empezar, consideraremos lo que es importante.

La distinción entre lo importante y lo urgente procede de algo conocido como la matriz de decisión de Dwight D. Eisenhower. Él es célebre por su declaración: «Lo importante rara vez es urgente, y lo urgente pocas veces es importante».[3] Eisenhower estaba explicando la noción de que muchos de nosotros nos pasamos el tiempo saltando de una tarea urgente a otra sin llegar a las importantes. Esta distinción parece una idea bastante fácil, pero la mayoría de nosotros hacemos exactamente lo que él observó.

No puedo contar las veces en que he elegido contestar correos electrónicos, mensajes de texto y llamadas telefónicas en lugar de trabajar en el sermón que se suponía predicaría en unos días. Ahora bien, no hay nada inherentemente incorrecto en contestar los correos y los mensajes. Si eso forma parte de su trabajo, en realidad tiene que hacerlo. El problema surge cuando escogemos sistemáticamente estas cosas por encima de las grandes tareas más amplias que se nos han encomendado.

En un mundo ideal, los quehaceres urgentes deberían apoyar el trabajo importante. Sin embargo, ese no es nunca el caso. En cambio, las tareas más urgentes nos bloquean frente a lo que es importante; en el mejor de los casos, nos proporcionan la capacidad de hacer cosas importantes sin ayudarnos en realidad a lo largo del camino.

Sabemos que la simplicidad trae claridad y lo mismo es cierto a la inversa. Cuando aclaramos lo que es importante, podemos simplificar nuestra vida. Si mi porqué es liderar a las personas en una creciente relación con Jesucristo, cualquier cosa que haga y encaje en esta meta principal es importante. Predicar, pasar tiempo con las personas y dirigir las reuniones son cosas importantes.

Quedan docenas de tareas directivas que todavía necesito hacer, pero son urgentes, no importantes. Esas cosas deben realizarse, pero no hay motivo para que controlen mi día.

Esto también es cierto en su caso. Si usted es el director general de su empresa, su porqué puede consistir en que su industria tenga beneficios. Esto es importante para usted, de manera que todo lo relacionado con esta idea tiene que llevarse a cabo. Si usted es estudiante, su porqué es aprender y crecer. Cualquier cosa que lo ayude a conseguirlo es importante. Si usted es una mamá ama de casa, su porqué podría ser fomentar la iniciativa y la responsabilidad en sus hijos. Por lo tanto, valdría la pena eliminar ese viaje adicional a la escuela para traer los deberes que su hijo olvidó. ¿Ve lo estrechamente relacionadas que están estas dos cosas? Lo que hacemos no puede separarse de por qué lo hacemos y viceversa.

Ambas cosas inseparables no solo son inseparables, sino que en realidad crecen en fuerza y significado cuando se combinan. Todos hemos trabajado en empleos que odiábamos. El primer empleo que acepté en la escuela de postgrado era trabajando en la primera planta de un edificio de oficinas. Yo era el vigilante de seguridad. No tenía arma. No sé jiu-jitsu. Y no me he visto implicado en una pelea desde el décimo grado (cuando ese niño al que todos llamaban Muffy y yo reñimos después del entrenamiento de baloncesto, y nada en nuestra refriega le hizo pensar a alguien que yo debía participar en el campeonato de lucha extrema). Aunque llegué a tomarles cariño a las personas con las que trabajé en ese edificio, las tareas cotidianas que exigía ese puesto no me hacían saltar de la cama por la mañana. Hubo dos cosas que tuve que hacer durante el primer mes de trabajar allí.

En primer lugar, tuve que aprenderme los nombres de los trabajadores de aquella organización. Eso me ayudó a establecer una relación con esas personas cuando no tenía nada que ofrecerles, excepto alguna semblanza de seguridad que debieron de haber sentido debido a que yo estaba allí sentado vigilando. Aunque aprenderme el nombre de todos fue una tarea pequeña, mi jefe de aquel momento me hizo saber que eso era importante. Era el reflejo de la cultura más amplia de la organización.

Ahora bien, el solo hecho de que la tarea importara no hizo que fuera muy emocionante para mí, pero mi jefe sí hizo algo útil: tomó un trabajo que parecía bastante insignificante y me proporcionó un porqué. Me explicó lo que yo estaba haciendo y por qué era relevante para el éxito global de la empresa. ¡Me crea usted o no, esa sencilla razón me proveyó las ganas de acudir cada día! Saber que yo estaba apoyando el objetivo general de la organización y, de manera más específica, algunas metas personales establecidas por mi jefe, produjeron cada día en mí una sensación de valor y propósito.

No obstante, considere la otra tarea asignada a mi puesto. Otro de los empleados a cargo en aquella empresa me envió un correo electrónico a las pocas semanas de trabajar allí y me pidió que recopilara algunos datos para él. Entiendo que a algunos de ustedes que están leyendo esto pueda encantarles el tema del registro de datos, pero yo estoy convencido de que es inherentemente aburrido. Consiste sencillamente en tomar números y nombres de una cosa y pasarlos a otra. Respondí a su correo con todo el entusiasmo de quien intenta escapar del departamento de seguridad del edificio. ¡Por supuesto! Sería un placer ayudar.

Cuando fui a trabajar al día siguiente, un montón de papeles me esperaba sobre mi escritorio. Punto. Cada día llegaban más papeles. Podía entender lo que tenía que hacer, pero nadie me explicó por qué había que realizar ese trabajo. ¿Sabe qué tarea llevaba a cabo con mayor entusiasmo cada día? ¡Aquella acerca de la cual conocía el porqué!

Esta es la cuestión: estoy seguro de que las dos tareas eran importantes en alguna forma; ambas eran valiosas. Sin embargo, yo me sentía motivado a realizar aquella con respecto a la cual conocía el propósito, porque atribuirle un porqué a un trabajo le da significado, lo cual empodera. Una vez que usted conoce su porqué, el qué adquiere impacto, porque se camina con vistas a un propósito.

Ya hemos hablado de la importancia de conocer su porqué personal, su «columna vertebral» o el propósito de la imagen panorámica subyacente a todo lo que hace. No obstante, fuera de ese porqué más amplio, muchos porqués pequeños le dan significado y propósito a las funciones inferiores que usted desempeña en la vida. Y entender esas razones más pequeñas lo ayudará a simplificar su vida para ocuparse de las cosas importantes y fundamentales que debería estar haciendo. Siempre existirá cierta tensión entre realizar lo que es importante (pero no urgente) y sentir la tentación de enfocarse en llevar a cabo lo inmediato y urgente.

Lo importante —su porqué— variará dependiendo de su trabajo, su función, su edad y un sinfín de factores más. La verdad es que solo usted sabe lo que le es más importante. Y lo que es más relevante para usted puede no tener mucho que ver con su cargo. Tal vez le importe hacer que las personas se sientan cómodas y bien recibidas. Bueno, si es un contador público, es posible que sus funciones no siempre faciliten esta meta. De manera que si quiere hallar gozo en su profesión y un propósito duradero en su trabajo cotidiano, es necesario que encuentre la forma de incorporar esta meta a su tarea.

Este es el reto que le hago: simplifique lo que es importante para usted en cada ámbito de su vida. Intente expresar su propósito principal en una frase.

- Como empleado, creo que es importante que mi empresa elabore un buen producto.
- Como esposo o esposa, creo que es importante que mi familia se sienta atendida.
- Como estudiante, creo que es importante que lo que aprenda hoy me prepare para mi profesión del mañana.
- Como cristiano, creo que es importante que quienes me rodean escuchen el nombre de Jesús.
- Como hermano o hermana, creo que es importante que los miembros de mi familia sepan que los amo.

La sencillez se reduce a saber por qué actúa como lo hace. No puede limpiar su armario hasta conocer el motivo por el que lo está haciendo. El porqué se convierte en su filtro para tomar las decisiones difíciles con respecto a qué hacer y qué dejar a un lado, qué conservar y qué desechar.

Hagamos una rápida recapitulación. Empiece por entender su porqué personal, su «columna vertebral» o la frase que lo impulsa. Después considere su porqué profesional, la razón subyacente a sus tareas y metas diarias. Cuando aclare su motivo, tendrá un filtro que puede usar para simplificar su vida. Este filtro no hará por arte de magia que esas tareas diarias normales y aburridas desaparezcan. Seguirá habiendo llamadas telefónicas y correos electrónicos, y ese día a la semana que le toque sacar la basura, limpiar el garaje, cortar el césped y preparar la cena. Estas cosas necesitan continuar ocurriendo. Sin embargo, una vez aclarado su porqué,

La verdad
es que solo
usted sabe lo
que es más
importante
para usted.

puede contemplarlas bajo una nueva luz, a través de la lente de cómo respaldan lo que importa en última instancia.

EL ALCE Y LOS MONOS

Quiero acabar este capítulo con algo que espero le resulte muy práctico, porque si usted se parece a mí, «entender su porqué» filosófico suena un tanto frustrante y requiere mucho tiempo. Solo dígame qué hacer, ¿de acuerdo? No espero que lea este capítulo y de repente tenga una revelación con respecto a su propósito en la vida. Le llevará tiempo y esfuerzo saber por qué actúa como lo hace. Sin embargo, mientras pasa su existencia procesando todo esto, he aquí cómo puede dar pasos sencillos para comenzar a simplificar su vida.

Se trata de algo relacionado con el alce y los monos. Présteme atención.

Empiece confeccionando una lista de todo lo que hizo ayer. Piense en ella como su lista de tareas pendientes, a menos que en realidad solo fueran quehaceres para ayer. Escríbalo todo allí, incluso lo que no tenga que hacerse necesariamente. Fue al supermercado, tuvo un almuerzo de trabajo, recogió a los niños en la escuela, lavó el auto, vio una película, se cepilló los dientes, etc. Anótelo todo, pero hágalo tan rápido como pueda. Procure tardar entre uno y dos minutos.

Ahora que ha creado la lista, rodee con un círculo las cosas que lo hayan hecho avanzar personal o profesionalmente. Esas son las cosas grandes. Tal vez haya cerrado un trato, acabado una presentación o corrido tres kilómetros. No tienen por qué ser «grandes», solo marque con un círculo aquello a lo que al mirar en retrospectiva se siente orgulloso de haberlo realizado. Quizás esté pensando: *Bueno, no hay nada así en mi lista.* Está bien. Escriba algo que desearía hacer y rodéelo con un círculo. A las tareas señaladas con el círculo las llamaremos *el alce*. Y aquellas que ha realizado, pero no ha marcado, serán *los monos*. Voy a mostrarle cómo puede perseguirlas.

Monos

Si usted es padre, resulta probable que se haya despertado un día por el ruido de los niños en la cocina. Entró en ella y he aquí que sus hijos habían decidido hacerse el desayuno. Con esto me refiero a prepararse unos cereales. O mejor dicho, a verter leche y cereales por toda la encimera y el suelo.

No es así como quería empezar el día, pero bueno, eso fue lo que ocurrió. Usted limpia el desastre, los alimenta, los viste y sale con ellos de casa. Llega al trabajo, pero es tarde. Entra a hurtadillas en la reunión y pasa el resto de la mañana respondiendo correos electrónicos a los que no pudo contestar ayer. Se da cuenta de que se está retrasando, de manera que come rápido y vuelve a su escritorio.

De repente, son la 1:07 de la tarde y ni siquiera recuerda lo que esperaba haber hecho hoy. De manera que dedica las pocas horas restantes en el trabajo a intentar ponerse al día en todas las tareas directivas olvidadas, y unas horas después va de regreso a casa. Cuando ha vuelto, su cónyuge le pregunta con suma amabilidad: «¿Qué tal te fue hoy en el trabajo?», y aunque lo intente ni siquiera recuerda una sola de las cosas realizadas.

¿Se ha visto en esta situación? Esta es una imagen de un día dedicado a cazar monos.[4]

Los monos representan las tareas más pequeñas e insignificantes que surgen a lo largo del día. Son las tareas urgentes que no son inherentemente «malas», sino que le restan tiempo y energía. Por ejemplo, echarle combustible a su auto puede ser un mono. Es algo que tiene que hacer, pero no necesariamente algo que le haga avanzar hacia sus metas mayores (a menos que trabaje como conductor de Uber, en cuyo caso es una tarea importante). Responder correos electrónicos puede ser otro mono. Repito, esto tiene que hacerse, pero no es algo que lo haga sentir demasiado realizado cuando acaba.

De forma muy parecida a cazar a los monos reales, percibimos estas tareas como algo escurridizo y frustrante, y a menudo requieren mayor energía de lo que creíamos. O no nos resultan tan gratificantes como quisiéramos.

Lo que usted querría oírme decir es: «¡Olvide a sus monos! ¡No permita que esas pequeñas cosas le estorben!». Lamentablemente, no es así. No estoy aquí para ordenarle que eluda a sus monos. Sigue necesitando echarle combustible a su auto y responder correos electrónicos. Esas son cosas que tienen que hacerse. Sin embargo, es necesario que contemple estas tareas con una perspectiva distinta.

El problema no radica en los monos en sí. Se trata de que ellos parecen desviarnos de lograr nuestros objetivos panorámicos. ¿Qué hacemos, pues? *Simplificamos.*

En primer lugar, deje de cazar monos que no necesitan ser cazados. Ya sabe cuáles son esas tareas. Lo más probable es que sean cosas que puede delegar en otros. Si usted es un directivo de nivel intermedio que sigue rellenando los informes de gastos de todos, está cazando monos. Si su trabajo consiste en manejar números, pero se ve dirigiendo reuniones creativas, vuelva a evaluar su postura. Delegue si puede en otros aquello que no respalde su porqué.

Por supuesto, todos tenemos aspectos de nuestro trabajo que no queremos hacer necesariamente. No obstante, aun siendo monos, es preciso que los efectuemos. Así que aquí está la segunda estrategia: *agrupar y atrapar*. En lugar de permitir que un mono estropee su día, piense en cómo puede reunir a todos sus monos y verlos como un alce (le mostraré cómo es un alce en un momento). En vez de dejar que las pequeñas tareas lo aparten de sus grandes metas, resérvelas todas para un día y convierta ese grupo de tareas en una gran meta.

Para usted, esto podría equivaler a guardar todos sus monos para un día de la semana. Puede usar esa jornada a fin de ponerse al día en cuanto a todos los monos que ha ignorado. La razón por la que esta estrategia resulta tan útil es porque cazar monos de forma individual se siente insatisfactorio, esos son los días que parecen improductivos aunque haya hecho muchas cosas. Y muchos de nosotros nos vemos atascados en días así, en los que hacemos mucho, pero nos parece no haber hecho nada en absoluto.

Conforme aprendemos a simplificar nuestras vidas, deberíamos ver cómo ese tipo de días va disminuyendo y espaciándose. Cuando nos deshacemos de aquello que no respalda nuestro porqué, estamos más capacitados para enfocar nuestro tiempo y energía en lo que es importante, nuestro alce.

El alce

Su alce representa sus prioridades principales. En un mundo ideal, ocuparse de su alce es lo único que querría hacer durante su día. Como mencionamos antes, estas son las cosas importantes que lo ayudan a alcanzar su meta suprema. Son las tareas que respaldan su «columna vertebral», la razón por la que está realizando su trabajo y viviendo su vida.

Cuando captura (realiza) un alce, es como si se quitara un gran peso de encima. Los días en que termina las cosas importantes son días en los que puede irse a casa y respirar tranquilo. Sin embargo, muchos de nosotros nos sentimos como si tuviéramos quince alces. Y si usted es como yo, resulta probable que se frustre al leer sobre los monos. Seguro que está pensando: *Él no entiende; las pequeñas tareas no son mi problema. ¡Tengo una docena de cosas importantes que hacer a diario!*

Tal vez sea así. Estoy casi seguro de que es de esa manera. Todos tenemos cosas importantes que necesitan llevarse a cabo. No obstante, el problema es que nos extendemos demasiado al intentar abarcar diez cosas importantes cada día. Y cuando actuamos así, casi nunca logramos nuestros objetivos y casi siempre volvemos a casa frustrados. ¿Qué debemos hacer entonces? Lo ha adivinado: simplificar.

Simplifique su día. Escoja tres alces *a lo sumo* y captúrelos hoy. Cuando se trata de sus tareas importantes, utilice el método exactamente opuesto al que emplea para las tareas urgentes. Acabamos de afirmar que es mejor cazar monos cuando los agrupamos todos en un solo día. En el caso del alce, es justo lo contrario. Afróntelos de uno en uno y controle el ritmo.

¿Ve cómo esta metáfora empieza a tener sentido? Si alguien le encargara cazar un alce de verdad —lo cual reconozco que sería una tarea extraña— ¿intentaría atrapar a diez? ¡Por supuesto que no! Uno ya es bastante agobiante.

Sin embargo, piense en cómo se sentiría si intentara atrapar a diez, pero solo cazara a uno. Se sentiría frustrado, derrotado y agotado. Por el contrario, si tuviera expectativas realistas y se enfocara en atraparlos de uno en uno, ¡aparecerse en su casa con un alce a remolque haría que fuera un gran día!

Así es como necesitamos empezar a considerar nuestras tareas. Divídalas en urgentes (monos) e importantes (alces), y ocúpese de ellas en consecuencia.

Este enfoque simplificado de la vida le aliviará la carga de intentar hacer demasiado, y también le aclarará hacia dónde se dirige, porque la simplicidad produce claridad.

CAPÍTULO 7

HÁBITO DOS:
HABLAR
CONSIGO MISMO

Si la sencillez tiene que ver con descubrir su *porqué*, entonces el diálogo interno está relacionado con encontrar su *camino*. Si el último capítulo se relacionaba con empaquetar sus bolsos y extender su mapa, este trata de subirse al auto y ponerse en marcha. Y como sucede con todos los viajes, el destino que desee determinará la dirección que escoja. Si no ha definido su porqué, encontrar su camino no tendrá sentido.

El ruido desenfrenado de la vida exige que entendamos esto. Las distracciones de su vida lucharán constantemente para alejarlo de su porqué y su camino. Todos lo sabemos, porque todos nos hemos sentido abrumados antes. Todos hemos tenido días en los que no tuvimos la oportunidad de pensar por qué hacíamos las cosas; sencillamente actuábamos y nos comportábamos de la manera mejor y más rápida que conocíamos.

El objetivo de los hábitos presentados en los capítulos 6–9 consiste en recordarle las conductas a las que puede volverse cuando las distracciones de la vida son abrumadoras. ¿Recuerda esos auriculares del capítulo 5 que anulaban el ruido? Ellos sirven como filtros del ruido, permitiéndole elegir qué voces aceptar y cuáles eliminar. En momentos y situaciones distintos, esos hábitos son herramientas específicas de las que se puede depender a fin de crear espacio para que interrogue a sus emociones.

La ironía del diálogo interno es que, si no se entiende y se usa de la forma correcta, sin querer añade al ruido. Usted habla consigo mismo durante todo el día. Y los mensajes que se está transmitiendo no siempre son fidedignos. Por ello dedicaremos algún tiempo a entender y descifrar esa voz que está en nuestra cabeza.

> El destino que desea determinará la dirección que escoja.

Y vamos a ver cómo emplear el hábito de hablar con uno mismo lo ayudará a encontrar su camino para convertirse en el líder que sabe que puede ser.

En la película *Más extraño que la ficción*, Will Ferrell interpreta a Harold Crick, un agente del Servicio de Rentas Internas con una vida monótona que de repente da un vuelco completo cuando empieza a escuchar una voz en su cabeza que narra cada uno de sus movimientos. Resulta que es la voz de Karen Eiffel, interpretada por Emma Thompson, una novelista galardonada que trabaja en su siguiente libro. Desde la perspectiva de Karen, Harold Crick es simplemente un personaje de su libro. Por su parte, Harold Crick considera que Karen Eiffel está narrando su propia vida.

El filme es bastante cómico. Conforme observamos la vida de Harold narrada por la voz de su autora, vemos cómo primero se frustra y después se resigna a que la voz de su cabeza pueda predecir lo que va a hacer. Hacia el final de la película, Harold conoce por fin a Karen y la confronta para confesarle que es su vida la que ella está escribiendo y, bueno, no le voy a estropear el final, pero merece la pena verla.

Cuento todo esto para indicar que este filme muestra algo sobre la vida de cada uno de nosotros. Todos tenemos un narrador en la cabeza. Sin embargo, a diferencia de *Más extraño que la ficción*, esa voz no pertenece a una persona de afuera que observa cómo vivimos nuestra existencia. Al contrario, se trata de la nuestra. Me refiero a esa voz interior que siempre le está hablando. Si todavía no está seguro de a qué estoy aludiendo, lea esta frase muy lentamente. Ahora, lea esta con rapidez. Ahora vuelva atrás y lea la primera a mayor velocidad y la segunda más lento.

Si lo hizo, acabó de activar la voz que está en su cabeza. Así es como está leyendo esto ahora. En algún lugar, entre sus ojos y su cerebro, una voz está tomando las extrañas marcas sobre este trozo de papel y las está traduciendo en lenguaje y pensamientos cohesivos. No tengo la menor idea de cómo funciona esto. Y entiendo por completo que ahora esté atónito y necesite tomarse un respiro de la lectura durante un momento, porque todo esto de la voz que está en su cabeza lo está volviendo loco. Suelte el libro, pasee un poco de un lado al otro, y después retome la lectura cuando esté preparado.

Notará que esta voz interna suele aparecerse en lugares como la ducha. ¿Se le ha ocurrido alguna vez una gran idea mientras leía el dorso de la botella de champú? O tal vez sea usted alguien que se imagina ganando argumentos mientras conduce hasta el trabajo. Repito, esa es la voz dentro de su cabeza. Eso es el diálogo interno. Todos lo llevamos a cabo, pero tal vez no nos demos cuenta de lo útil que puede resultar.

Volvamos al filme *Más extraño que la ficción*. La tensión que rige toda la película es que la voz interior en la cabeza de Harold

Crick escapa a su control. Esta voz que no puede dominar está desequilibrando por completo su vida. Él entiende que la misma tiene mucho poder, y que cuando tal poder le pertenece a otra persona, el resultado es angustioso.

Lo mismo ocurre en su caso y el mío.

Necesitamos comprender que la voz interna tiene el poder de afectar directamente cómo llevamos nuestra vida. Sin embargo, a diferencia del problema de Harold Crick, en nuestro caso nos pertenece a nosotros, y eso significa que tenemos el poder de controlar cómo nos afecta.

LA VOZ PODEROSA

¿Se ha descubierto alguna vez navegando en su Instagram y comparándose irremediablemente con las personas que encuentra allí? Desconozco lo que ocurre con las redes sociales, pero en ocasiones se diría que las personas que aparecen en ellas son de otro planeta. Tal vez sea yo solo el que me encuentre en esta situación, pero dígame si algunas de estas personas le suenan familiares:

- Las modelos atléticas muy bronceadas y tan en forma con sus sujetadores deportivos, que realizan justamente la rutina reafirmante de glúteos que usted necesita iniciar esta mañana.
- Los que tienen sus pasaportes llenos de sellos de países de todo el mundo, con tantos *selfis* frente al mar como si fueran granos de arena en la orilla.
- No olvide a los conferenciantes motivacionales tan modernos, con sus pantalones vaqueros ceñidos y rotos, con el último botón abrochado y luciendo su gorrito de lana,

que no pueden esperar ni un segundo para contarle cuáles son las tres claves para vivir al máximo, «*Carpe diem, ¿estoy en lo cierto?*».

Ya sabe, *esas* personas. No tengo problema alguno de por sí con ellos. No obstante, sé que a veces me hacen sentir peor conmigo mismo. Los miro y pienso: *Jamás me veré tan bien mientras estoy haciendo ejercicio.* O quizás: *Yo nunca podré permitirme esa clase de vacaciones con mi familia.*

Creo que el problema no radica en las personas que salen en Instagram. Por fácil que resulte señalarlos con el dedo y echarles la culpa de provocar en mí esas comparaciones e inseguridades, no es algo que hagan queriendo (eso espero). Yo elijo creer que la mayoría de las personas que están en las redes sociales no pierden su tiempo publicando cosas con el propósito de causar envidia o complejos en los demás.

Sin embargo, ya sea que lo hagan con intención o no, esa es otra forma más en que el ruido que me rodea alimenta mi discurso interno negativo. Esas publicaciones de Instagram conducen a pensamientos dañinos y negativos en los que cavilo durante el resto del día. Si reacciono al vídeo de un tipo que entrena y hace *flexiones* con un solo brazo, un chaleco lastrado y tres sacos de harina atados a la cintura, me acomplejaré un poco. Sé que lo siguiente será que no me sienta a gusto en mi propia piel y que esa inseguridad me siga al trabajo, en las reuniones y de regreso a casa.

Así es como funciona la voz dentro de su cabeza. Esta convierte en una bola de nieve las cosas negativas que usted escucha y expresa a lo largo de su día de maneras poderosas. Sin embargo, hay una buena noticia: lo contrario también es cierto.

Sucede que mi esposa es una gran alentadora. Y resulta que yo tengo debilidad por las notas escritas a mano. El otro día me envió un correo electrónico que hizo que se me saltaran las lágrimas. (Aquí veo un tema subyacente). Sí, ya sé lo que está pensando y sí, es tan adorable como suena. No obstante, ¿adivina usted cómo me comporté durante el resto del día? ¡Como un hombre que tenía una esposa orgullosa que lo apoyaba! Puede apostar que caminé por la oficina con un poco más de vitalidad en el paso y hasta pavoneándome un poco con mi traje. Sin embargo, eso es lo que consigue el discurso interior positivo.

Mi esposa desconocía el efecto de sus palabras, pero aquella nota me ayudó a comenzar mi día con un diálogo interior edificante que me duró el resto de la jornada, aun cuando mis reuniones no fueron tan bien como yo esperaba. Aquella nota estaba en el fondo de mi mente, y la voz dentro de mi cabeza seguía recordándomela.

Esa voz dentro de su cabeza tiene poder.

Esa voz dentro de su cabeza tiene poder. Puede controlar su día mediante el desaliento y la desmotivación, o puede estimularlo y empoderarlo. La gran noticia es que eso depende de usted. Usted puede controlar a esa pequeña voz. De verdad que sí.

EL PODER DE LA VOZ

Aunque la voz dentro de su cabeza tiene poder sobre usted, usted también tiene poder sobre ella. La mayoría de las personas reconocen la primera parte (sabemos que un pensamiento negativo puede ponerle freno a su día, mientras que uno positivo puede alegrarlo todo), pero pocos de nosotros reconocemos la segunda mitad de esa verdad. Y esto es precisamente lo que quiero que hagamos, porque nuestras vidas mejoran cuando aprendemos a filtrar el ruido que nos rodea. En el momento en que controlamos el ruido, podemos dominar mejor la voz de nuestra cabeza. Y cuando limitamos lo negativo y permitimos la entrada de aquello que nos alienta, nuestra perspectiva de la vida mejorará.

Empiece por reconocer que la voz de su cabeza está ahí. Suena sencillo, porque lo es. Un buen ejemplo de alguien excelente en esto es David, uno de los escritores de los salmos bíblicos, una poesía a la que con frecuencia se le ponía música. Mire lo que él escribió en Salmos 42:5:

> ¿Por qué voy a inquietarme?
> ¿Por qué me voy a angustiar?
> En Dios pondré mi esperanza
> y todavía lo alabaré.
> ¡Él es mi Salvador y mi Dios!

Observe dos cosas aquí. Primero, David era muy consciente de su ser interior. Conocía a la voz que estaba en su cabeza y no le asustaba contestarle. En Salmos 42 vemos que se sentía abatido. Algo iba mal o le había disgustado. No obstante, David no solo se conocía lo bastante bien como para reconocer esto, sino que se tomó el tiempo a fin de hacer cierta introspección. Hizo una pausa en lo que estaba haciendo, filtró el ruido y se dijo a sí mismo: «¿Qué está pasando aquí?».

Sin embargo, no se detuvo ahí. Reconoció el discurso interno negativo e hizo algo para cambiarlo. Trajo a su memoria la verdad y lo que era bueno. Muchos de nosotros podemos detectar cuándo algo está mal. Somos capaces de reconocer cuándo se está produciendo un discurso interno negativo. Pero no siempre sabemos cómo transformar un patrón de conversación interna negativa en uno positivo. Aprender esta habilidad tiene repercusiones poderosas para nuestra inteligencia emocional.

David nos proporciona la clave para el discurso interno positivo: recordar la verdad. Para él, esa verdad se hallaba en rememorar quién es Dios y por qué es la fuente de esperanza, lo cual obviamente es una gran verdad que traer a nuestra mente cada día. También nos beneficia acordarnos de las verdades específicas que contrarrestan las mentiras perpetuadas por nuestro discurso interno negativo. Esta habilidad se conoce como autorregulación.

ADENTRARSE EN SU CABEZA

Daniel Goleman no solo ha ayudado mucho a darle forma a gran parte del aprendizaje en torno al tema de la inteligencia emocional, sino que también ha sido una voz destacada sobre el tema del discurso interno. En una entrevista reciente,[1] explicó cómo el arte de hablarse a uno mismo se ha convertido en algo fundamental para los líderes de negocios, hasta el punto de llegar a ser ahora uno de los factores que definen el éxito de una persona.

Alguien emocionalmente inteligente es adepto a autonarrar su vida. Goleman señala que esta no es una habilidad inusual. Es algo que todos hacemos en cierto grado. Todos tenemos una voz dentro de la cabeza que nos dice qué hacer, y ya sea que le estemos prestando atención o no, la estamos escuchando o ignorando a nuestra propia discreción. La voz de nuestra cabeza percibe a menudo otras voces: a otras personas que nos rodean, cosas que leemos o vemos, y hasta reflexiones que podríamos tener sobre nuestras experiencias o recuerdos. Con solo considerar a cuántas voces les permitimos hablar dentro de nuestra cabeza podemos enloquecer.

Goleman declara: «No somos conscientes de lo ocupada que está nuestra mente hasta que nos detenemos y la contemplamos. Nuestra mente se mantiene todo el tiempo divagando».[2] Y esto es verdad, ¿no cree? Su mente está distraída mientras lee esto. La misma fue creada para mantenerse activa. Quiere tener información e ideas saliendo y entrando constantemente. Aun en los momentos en los que no estamos haciendo nada, nuestro cerebro está funcionando. Eso crea una tensión única. Por una parte, queremos mantener nuestro cerebro ocupado procesando todo aquello que hacemos y pensamos. Sin embargo, por otra parte, sentimos que es necesario darle un respiro de vez en cuando. La clave aquí está en la regulación. Tenemos que hacer una elección deliberada para fungir como guardianes de nuestra propia cabeza, permitiendo que lo bueno entre y asegurándonos de que lo inútil permanezca fuera, y sabiendo cuándo darnos un respiro de todas las contribuciones. Somos capaces de regular la voz interior en nuestra cabeza hasta el punto en que nuestras divagaciones y los respiros resulten beneficiosos para nosotros.

La autorregulación no es una idea nueva. Como mencioné con anterioridad, usted sostiene un discurso interno cada día. ¿Cuántas veces se le ha ocurrido una gran idea en la ducha o justo antes de quedarse dormido por la noche? ¿O ha ganado esa discusión en su cabeza mientras va conduciendo? Algo en esos momentos de poca interacción crea una claridad y una creatividad extremas. Y esos son los instantes que queremos fomentar. Así es como funciona el discurso interno. Este es el medio a través del cual usted regula lo que entra y sale de su cerebro. Es la forma en que controla la narración, de manera que la voz que le habla añade valor y lo hace a usted mejor.

La forma principal de regular su voz interior es filtrando los ruidos que no están adicionando valor. Ya sea que usted esté leyendo libros y artículos, viendo programas y películas, o navegando por la web, todas estas fuentes pronuncian cosas que la voz de su cabeza le está comunicando. Son muchas voces y mucho ruido.

Lo más probable es que llegue demasiada información a su cabeza como para que pueda autorregularla de manera continuada. ¿Cómo va a escuchar la voz interior si no está filtrando las que están hablando? La razón de que nos lleguen buenas ideas cuando vamos conduciendo, cuando estamos tomando una ducha o cuando intentamos quedarnos dormidos es que tal vez son los únicos momentos del día en que no permitimos que otras voces penetren en nosotros. Cuando usted se encuentra solo, solo le acompaña la voz de su cabeza, para bien o para mal.

También puede pensar en esta idea desde la perspectiva opuesta. La otra cara del discurso interno es no hacer nada, ¿verdad? Si no intentamos controlar o regular las voces de nuestra cabeza, ellas transmitirán sencillamente cualquier cosa que pueda entrar. Así nos convertimos en algo parecido a un robot. Entra 2+2 y sale 4. No hay nada más que hacer.

Lo que estoy afirmando es que si no nos estamos hablando a nosotros mismos, otras voces sí lo hacen. Y si no estamos regulando lo que entra, no hay razón para esperar controlar lo que sale. Le guste o no, el discurso interno se produce dentro de su cabeza. Sin embargo, usted quiere asegurarse de que su yo deseado esté incluido en su conversación interior. Usted sabe qué tipo de líder quiere ser. Hablar consigo mismo puede ser la forma de recordarse a sí mismo sus objetivos, a la vez que se ayuda a alcanzarlos.

Y el único momento en que será capaz de hablar consigo mismo es cuando nadie más lo haga. Por lo tanto, es importante que se dé tiempo y espacio para estar solo. Suena extraño, ya lo sé. No obstante, el diálogo interno se produce en lugares como la ducha, donde estamos tranquilos, solos, y nada intenta ocupar el espacio de nuestra cabeza.

¿Cómo hacemos entonces que esto suceda? Todo empieza creando espacios durante el día para el discurso interior. Usted tiene que crear oportunidades en las que no haya muchas cosas que se estén disputando su atención. Es sobre eso que quiero tratar ahora, acerca de los hábitos que ayudan a que se produzca un discurso interior positivo.

LIDÉRESE MINUTO A MINUTO

He aquí el primer hábito para fomentar el discurso interno positivo: prepare su día la víspera. Esta sencilla idea marca una gran diferencia. Recuerde lo que hablamos con anterioridad: las bolas de nieve de la conversación interna. Si lo primero que hace por la mañana es revisar su correo electrónico, añadir cosas a su calendario y repasar mentalmente las reuniones programadas, se sentirá abrumado antes de salir de la cama.

Es entonces cuando empiezan los pensamientos: *No puedo hacerlo todo hoy* y *No tengo la capacidad de resolverlo*. Y a partir de ahí, una espiral descendente del diálogo interno negativo lo absorbe. Además, cuando lo primero que hace es revisar mentalmente su calendario, ya habrá tantas voces en su cabeza que jamás tendrá la oportunidad de oírse pensar.

Programar su día la noche antes le proporciona el poder de controlar su conversación consigo mismo desde el momento en que se despierta. En lugar de conectarse en cuanto se despierte, puede realizar la rutina normal de cepillarse los dientes, hacer ejercicio, ducharse, vestirse o lo que quiera que haga con la mente libre. Este es el espacio en el que es capaz de mantener una conversación con la voz de su cabeza. Cuando sabe que ya se ha ocupado del día, tiene la libertad de preocuparse por usted mismo antes de abordarlo.

> Cuando sabe que ya se ha ocupado del día, tiene la libertad de preocuparse por usted mismo antes de abordarlo.

Otro hábito que conviene establecer es decidir no navegar por la Internet ni ver sus correos electrónicos antes de acabar ciertas tareas. Esto concuerda con la idea de programar su día la víspera. Cosas simples como los correos electrónicos y las redes sociales pueden hacer fracasar su día incluso antes de comenzar. Cuando prepara su día la noche anterior, escoja esa cosa —el alce— que tenga que realizar antes de permitirse cualquier distracción —o monos— en su cabeza. Esto lo mantendrá libre de ruido, lo cual lo ayudará a eludir cualquier diálogo interno negativo.

A continuación hay dos buenas preguntas que formular cuando elabore su calendario:

1. ¿Qué me está motivando a decirle que sí a esto?
2. ¿Hay alguien más que pueda hacerlo?

Estas dos preguntas lo obligan a hacer dos cosas de las que hablamos en el capítulo anterior. La primera lo fuerza a analizar su porqué. ¿Por qué quiero hacer esto? ¿Por qué tiene que figurar en mi calendario? ¿Por qué es importante para mí? La mayor parte del tiempo, la respuesta a esta pregunta será obvia. Sin embargo, en los casos en que la respuesta no queda clara, tendrá que volver a evaluar por qué está haciendo ciertas cosas. Y son muchas las probabilidades de que este análisis lo ayude a simplificar su vida y a deshacerse de ciertos ruidos y distracciones.

Además, la primera pregunta le permite tener una conversación consigo mismo. Y si conocemos algo sobre los grandes líderes es que sabían liderarse a ellos mismos. Cuando se hace preguntas a sí mismo, usted consigue hacer esto también. Pensar de manera crítica y objetiva a través del diálogo interno transformará, en primer lugar, su forma de liderarse a sí mismo y, en segundo lugar, su modo de liderar a los demás.

La segunda pregunta le exige reflexionar sobre la persona en la que puede delegar tareas. Esta interrogante lo ayudará a reconocer las tareas que le impiden hacer lo que es importante y a entregárselas a otro. Para aquellos a quienes nos cuesta delegar (no me puede ver, pero me estoy señalando a mí mismo), esta pregunta nos liberará para delegar más tareas.

Aquí tiene otras dos preguntas para regularse a sí mismo que puede plantearse:

1. ¿Qué haría aquí un gran líder?
2. ¿Qué consejo le daría a otro que estuviera en esta situación?

Ahora bien, estas preguntas tienen menos que ver con nuestro calendario, pero formulárnoslas es un hábito saludable que podemos fomentar. Al atribuirle un objetivo, está entrenando a la voz de su cabeza para que piense de manera crítica. Usted quiere llegar a ser un gran líder, al menos supongo que es la razón de que siga leyendo. Traer a su mente esa meta de vez en cuando no le hará daño. Los grandes líderes siempre están pensando y haciendo preguntas. Tal vez usted no sepa siempre lo que haría un gran líder en su situación, pero acostumbrarse a hacer preguntas abrirá su mente más de lo que cree para que vea la posibilidad de comportarse como un gran líder.

La otra pregunta para regularse que tiene que ver con el consejo es útil, porque le permite salir de usted mismo y analizar su situación de un modo objetivo. En lugar de estar frustrado porque la reunión que acaba de tener ha salido mal, puede imaginar a otro en esa situación. ¿Qué le diría a un colega si le preguntara cómo responder luego de fracasar en dirigir bien delante de otros? Es probable que le aconsejara restarle importancia e intentarlo de nuevo. ¡Pues bien, ahí tiene! Dígase esto a sí mismo y siga adelante con su día. Es así de sencillo.

Si inicia el día con un discurso interior positivo e intercala preguntas reguladoras útiles a lo largo del mismo, lo único que resultará es que acabará con una conversación interior más positiva.

Hablar consigo mismo ayudará a que sus días no solo sean más productivos, sino más positivos. Y puede enfocarse en esta positividad conforme su jornada vaya llegando a su fin de manera

Hablar consigo mismo ayudará a que sus días no solo sean más productivos, sino más positivos.

saludable y sin ruido. En vez de poner su programa favorito de televisión mientras se duerme, o leer ese último artículo en línea, cierre sencillamente los ojos y asimile lo bien que se siente haber hecho lo que aseguró que haría.

No hay nada de malo en descansar en un día repleto de logros. Además, esto le proporciona el tiempo para aminorar el paso. Ver Netflix y ponerme al día en las redes sociales son algunas de mis actividades nocturnas favoritas. Sin embargo, cuando comparo las noches pasadas entreteniéndome con otras en las que sencillamente me he sosegado y descansado con mi esposa a mi lado, la elección es obvia. Después de programar el día siguiente, bajar el ritmo por la noche me ayuda a serenarme y reconocer las cosas buenas que podría haber pasado por alto a lo largo de la jornada. No solo disfruto de una rutina nocturna más lenta, sino que esto me ayuda a dormir mejor... ¡lo cual hace que el día siguiente sea mejor también! Se trata de un ciclo positivo continuado.

Y todo empieza con el diálogo interno. Si va a empezar el día con positividad, acabarlo del mismo modo tiene sentido.

EL NUEVO USTED

Sinceramente, hay una parte de mí que se resiste a hablar conmigo mismo. Algo con respecto a esa idea me parece extraño. ¿Se supone que hable conmigo mismo? Si empiezo a mantener conversaciones a solas, pensarán que he perdido la cabeza.

Si esos pensamientos pasaran por su mente cuando lea este capítulo, no se preocupe. Lo entiendo. En realidad, me identifico con usted más de lo que podría imaginar. Sin embargo, lo que he aprendido del diálogo interno es que funciona. La única locura mayor que hablar con uno mismo es no practicarlo. De modo que mi reto es este: inténtelo.

Este capítulo ofrece unos cuantos hábitos prácticos que puede probar por sí mismo justo ahora. Ya sea que esté o no convencido con respecto a toda esta idea, no sabrá si funciona a menos que le dé una oportunidad. Y le aseguro que, en un mundo que solo crece en ruido, la capacidad de usar la conversación interna para nuestro beneficio demostrará ser cada vez más valiosa.

Proporciónese hoy la libertad de hacer algo que podría resultar un poco extraño: hable consigo mismo. Escuche. Disminuya el ritmo y formúlese preguntas reguladoras. Le prometo que si practica estos hábitos, estará dando pasos para ser un mejor líder y también mejor cónyuge, padre, colaborador, hermano y persona.

CAPÍTULO 8

HÁBITO TRES:
CALLARSE

¿Intentaría algo antes de que continuemos? Silencie su teléfono, apague la música y ponga en marcha un cronómetro durante dos minutos.

Siéntese en silencio hasta que suene la alarma.

Me alegra esperarlo mientras lo intenta.

¿Qué tal le ha ido? Mientras escribía esto, yo mismo lo he practicado y me vino de nuevo a la mente lo difícil que puede ser el silencio.

¡No nos sentimos cómodos con el silencio, pero es tan poderoso!

Por medio del equipo de EmotionallyHealthy.org, tuve conocimiento de un ejemplo fascinante que me produce una tremenda emoción cada vez que lo veo.[1] Los investigadores trajeron a grupos de padres e hijos adultos para que experimentaran el poder del silencio emocional. Los llevaron a una habitación aislada, una sola pareja de padre-hijo por turno, y se les pidió que estuvieran de pie el uno frente al otro durante cuatro minutos. Perfectamente callados, perfectamente tranquilos, sin distracciones durante *cuatro* minutos completos. Por supuesto, cuando NBC trasmitió el proyecto, no mostraron los cuatro minutos completos, pero sí enseñaron las poderosas emociones que afloraron simplemente debido al espacio proporcionado por el silencio.

Una madre habló de cómo miró a su hijo a la cara y pensó en el instante en que nació.

Un hijo comentó lo agradecido que se sintió pensando en cuánto se había sacrificado su madre por él.

Un padre expresó cuánto potencial vio en el futuro de su hija.

Este es un concepto simple, pero profundo. ¿Por qué? Porque no nos sentimos cómodos con el silencio, sin embargo ¡es muy poderoso!

Los líderes emocionalmente saludables bajan el volumen del ruido lo suficiente y durante bastante tiempo como para darle espacio a la curiosidad. Por difícil o incómodo que esto pudiera ser, exige absolutamente el hábito de quedarse callado. Y no puede ser cosa de una sola vez. Debe convertirse en parte de su rutina diaria o al menos semanal.

> Los líderes emocionalmente saludables bajan el volumen del ruido lo suficiente y durante bastante tiempo como para darle espacio a la curiosidad.

El silencio es escaso. Sinceramente, hasta podría no existir. ¿Cuándo fue la última vez que se sentó en completo silencio? Tener cinco niños pequeños ha convertido el silencio en una imposibilidad absoluta. Mi esposa y yo hemos considerado de verdad hacer que comprueben la audición de nuestros hijos debido a lo alto que hablan. Sin embargo, francamente, no puedo viajar en auto sin escuchar *podcasts* o música. Estar sentado en silencio en mi automóvil ¡me pone histérico! Y esto no se debe a que haya algún problema con el silencio en sí. No, es porque jamás hemos sido entrenados para apreciarlo. Para la mayoría de las personas, se trata de un gusto adquirido.

Apreciar el silencio resulta especialmente difícil cuando estoy solo. Y esos momentos son raros, dada la forma en que estoy programado y mi personalidad. Los momentos de soledad son los períodos en los que más deseo el sonido. Si saco tiempo durante el día para salir a correr o a pasear solo, no hay manera de que lo haga sin mi teléfono. Necesito tener algún tipo de sonido en mi cabeza.

Mi objetivo en este capítulo consiste en mostrar que muchos de nosotros nos estamos perdiendo dos hábitos cruciales que pueden cambiar nuestra vida para que sea mejor: el silencio y la soledad. Y creo que si usted les da una oportunidad a ambas cosas, empezará a ver las cosas de un modo distinto. Apreciará más las cosas pequeñas y se enfrentará a los retos mayores con más confianza. Sin embargo, no lo crea solo porque yo lo afirme. Consideremos a alguien que, teniendo mayor poder de liderazgo que cualquiera que haya vivido jamás, convirtió el silencio y la soledad en una parte habitual de su vida.

EL TIEMPO NO ES UNA GRAN EXCUSA

En el relato que Marcos hace de la vida de Jesús, descubrimos su perspectiva sobre el comienzo del ministerio del Señor. Y en solo un puñado de versículos, Marcos nos muestra lo cruciales que eran el silencio y la soledad en la vida de Jesús. Si Dios encarnado necesitaba estas cosas, yo diría que usted y yo deberíamos prestarle atención a la necesidad personal que también tenemos de ellas.

Empezando en Marcos 1:14, Jesús entra en Galilea y empieza a predicar. Él va por toda la ciudad anunciándoles a las personas las buenas nuevas que trae consigo. «El reino de Dios está cerca» (1:15). ¡Esa es una buena noticia! De inmediato, la multitud empieza a seguirlo, intentando oír más. Cuando atravesaba la ciudad, Jesús comenzó a llamar a sus discípulos. Del modo en que Oprah entrega coches gratuitos, él señala a Simón Pedro y le ordena: «¡Tienes que seguirme!». Después, a su hermano Andrés: «¡Y tú tienes que seguirme!».

Ellos, de inmediato, dejaron lo que estaban haciendo y siguieron a Jesús. ¿Por qué no, verdad? La siguiente vez que los vemos están en la sinagoga. Piense en ese lugar como una mezcla entre el centro de la ciudad y la iglesia. Era el Sabbat, de modo que todos se habían reunido para escuchar la enseñanza. Ahora usted se lo tiene que imaginar. Los allí reunidos tienen sacerdotes que les imparten enseñanzas cada semana, igual que una iglesia tiene a un pastor habitual que predica el mensaje. No obstante, de repente, este completo extraño se pone de pie y empieza directamente a exponer lo que tiene que decir.

¿Le pidieron los sacerdotes a Jesús que enseñara? ¿Sabían los presentes que estaría allí? No tengo la menor idea. Pero no puedo evitar imaginarme a Jesús cruzando la puerta y dirigiéndose directo al frente. Desconozco si sucedió exactamente así, pero al margen de eso, Jesús enseña de un modo que no se había presenciado nunca antes.

Para mí, esta es la parte más extraña de la historia. ¿Qué enseñó? ¿Qué dijo? ¡No puedo imaginarlo! Sin embargo, sería algo poderoso, porque las personas estaban asombradas. Luego las cosas empeoraron.

Mientras Jesús está enseñando, un hombre poseído por un espíritu inmundo le grita. ¡Interrumpe a Jesús! Vuelvo a preguntar, ¿era ese hombre un participante habitual de la iglesia? ¿O era también alguien nuevo? No lo sé. Lo único que tengo claro es que Jesús expulsa al espíritu impuro del hombre. ¿Quéééé?

No sé si habrá visto alguna vez a algún comediante censurar a los espectadores molestos —puede resultar bastante divertido— pero eso no es nada comparado con lo que hizo Jesús. Este hombre le está gritando y el Señor responde: «¡Cállate, y sal de él!» (Marcos 1:25, RVR1960). Y... *¡pum!* El espíritu se va. Este ya había sido un gran día para Jesús. Nada más de leer sobre ello me agoto un poco. No obstante, espere, ¡aún hay más!

Jesús abandona la sinagoga y va a casa de la suegra de Simón, que casualmente está muy enferma. ¿Puede imaginar a Jesús llegando a su casa un día en que usted se encuentra mal en la cama? Visualizo a esa mujer moqueando, con los ojos hinchados y pañuelos de papel dispersados por todo el lecho (ya sé que esos pañuelos no se habían inventado aún, pero sígame la corriente). Esta es la escena en la que entra Jesús. ¿Y qué hace? La sana. Por supuesto.

En un instante ella pasa de estar acostada en la cama a trabajar afanosamente por la casa preparando la cena y sirviéndoles. Las nuevas de este milagro se extendieron con rapidez, y las personas esperaron en fila fuera de la vivienda, pidiéndole a Jesús que las curara. Marcos nos indica que «toda la ciudad se agolpó a la puerta» (Marcos 1:33). Y Jesús los sana a uno tras otro tras otro.

Ahora bien, me gustaría pensar que luego de ese tipo de día Jesús se quedaría dormido. Parece justo, ¿verdad? Pues *no*. Leemos: «Levantándose muy de mañana, siendo aún muy oscuro, salió y se fue a un lugar desierto, y allí oraba» (Marcos 1:35, RVR1960).

Esta historia me fascina. No solo pinta este increíble retrato de Jesús irrumpiendo en escena, sino que también revela su carácter de un modo sereno y sutil. Además, nos muestra el valor del silencio y la soledad. Si Jesús conocía la importancia de apartarse, estar solo y tranquilo, y actuaba en consecuencia, ¿no deberíamos hacerlo también nosotros?

> Si Jesús conocía la importancia de apartarse, estar solo y tranquilo, y actuaba en consecuencia, ¿no deberíamos hacerlo también nosotros?

APARTARSE

Así como Jesús se retiró a un lugar remoto donde poder estar solo, también necesitamos crear distancia entre el ruido y nosotros.

Sin embargo, apartarse no es como comprar un pasaje aéreo para escaparme de aquí en el siguiente vuelo hacia el suroeste. No estoy sugiriendo que se tome unas vacaciones a solas, lejos de su familia. Para mí eso es una mala idea. En realidad, si solo sacamos tiempo para aislarnos durante una semana cada seis meses, no experimentaremos los beneficios de esta costumbre.

¿Se ha ido alguna vez de vacaciones y ha regresado a casa más cansado que cuando se fue? Esto sucede en una de dos formas. Una es que se va esperando tener una semana de paz y silencio, cuando en realidad ha planeado una estancia en un complejo turístico de Disney y se encuentra con un programa abarrotado de actividades. A continuación, en algún momento entre las fotos con el pato Donald y las aventuras en el Reino Mágico, se da cuenta de que solo ha cambiado el ajetreo de la vida normal por el de las vacaciones.

La otra forma es que se va para una gran semana de descanso y relajación, con la esperanza de pasar su tiempo sentado en la playa, leyendo un libro u holgazaneando junto a la piscina. Entonces, a los dos días de no hacer nada, se percata de que la pereza no es reparadora. Estar ocioso puede parecer estupendo durante un poco de tiempo, pero a usted no le sirve de nada. Aunque disfrute de toda una semana de descanso, regresa a casa y la rutina que dejó es de repente el doble de agotadora de lo que recuerda. ¿Por qué? Porque evadió el ritmo de la vida y el período de reajuste solo lo hace sentir más cansado que cuando se marchó.

Mi idea es que la práctica del silencio y la soledad no es algo que se haga cada trimestre, sino cada semana, y hasta cada día. En realidad, retirarse es algo que se produce a una escala mucho mayor. Apartarse no se consigue viajando. En cambio, se logra encontrando un lugar donde aislarse cada día. Seamos sinceros: ninguno de nosotros es un monje. Al menos no lo creo. Tenemos trabajo y familia, amigos y pasatiempos, una comunidad de la que formamos parte... ¡y todas estas cosas son fabulosas! De modo que en vez de intentar «escapar» de ellos para refugiarse en un lugar de aislamiento, es preciso aprender cómo alejarse del ruido en los momentos adecuados y de un modo saludable.

Sin embargo, esto no significa que no podamos aprender de los monjes. He aquí lo que declaró Thomas Merton, el famoso monje, escritor y teólogo, con respecto al silencio y la soledad:

> No todos los hombres son llamados a ser ermitaños, pero todos
> necesitan el silencio y la soledad suficientes en su vida que
> hagan posible que escuchen la profunda voz interior de su

propio ser verdadero, al menos de un modo ocasional. Cuando no se oye esta voz interna, cuando el hombre no puede alcanzar la paz espiritual que procede de estar perfectamente en armonía con su verdadero yo, su vida siempre es desgraciada y agotadora. Porque no puede seguir contento durante largo tiempo a menos que esté en contacto con los manantiales de vida espiritual escondidos en las profundidades de su propia alma.[2]

Como afirmó Merton, usted no necesita ser un ermitaño. Lo que sí precisa es encontrar formas de retirarse, estar solo y callar. ¿Cómo empezar entonces? Es sencillo: encuentre su lugar, su momento y su práctica.

Encuentre su lugar

Aunque no inicie cada mañana del mismo modo, cada vez me gusta más la rutina. Con demasiada frecuencia lo primero que hago es agarrar mi teléfono. Estoy intentando erradicar esa costumbre. En esta etapa de nuestra familia he aprendido que con la mayoría de las cosas, si no lo hacemos temprano, no lo haremos. De modo que he aprendido a desear que lleguen las primeras horas de la mañana a fin de despejar mi mente y empezar con los hábitos más saludables para mí.

Sin embargo, tengo una constante cada mañana: mi escritorio. Después del café, es el primer sitio al que me dirijo por la mañana para empezar mi día. Mi padre solía regañarme cuando era niño con el objeto de que mantuviera limpio mi escritorio, porque es un microcosmos para la mente. Resulta asombroso que mientras mayor me hago, más le doy la razón a mi progenitor. Por lo general, suelo dedicar cinco minutos a recogerlo todo y después comienzo mi rutina mental matinal. De hecho, ahora mismo estoy aquí sentado.

Tomo asiento tras este escritorio durante al menos parte de cada mañana. Los buenos días disfruto de un tiempo de calidad en esta mesa. No obstante, incluso en los días en los que tengo prisa, sentarme aunque solo sean quince minutos merece la pena. Es el lugar donde me retiro. Es donde practico el silencio y la soledad. E independientemente de su condición de vida, usted necesita un lugar. Precisa un sitio constante que esté libre de ruido y distracción. Descubrirá que cuando designe cuál va a ser ese rincón, podrá mantenerlo alejado de esas cosas.

La parte buena de esto es que puede hacer de ese lugar algo suyo, propio. Como he vivido en distintas casas, residencias y apartamentos a lo largo de las distintas etapas de la vida, he tenido distintos sitios para el silencio y la soledad. La mesa de la cocina, un escritorio en mi habitación y un sofá en mi oficina me han servido de refugio. Hubo un tiempo en el que los niños eran pequeños y yo me retiraba al baño. ¡A veces no hay más remedio que hacer lo que se debe para alejarse!

Su sitio no tiene por qué ser algo especial. No precisa tener paredes a prueba de sonido. No necesita una ubicación secreta que solo usted conozca. Solo tiene que ser un espacio dedicado a la reflexión libre de ruidos. Debe ser un lugar donde haya decidido que las distracciones del mundo no pueden llegar a usted. Y tiene que ser un sitio al que sea capaz de regresar con regularidad.

Encuentre su momento

La idea de regresar con regularidad es clave para la práctica del silencio y la soledad. Por esta razón «su lugar» no puede ser la casa en la playa que su familia visita cada verano. No es así como esto funciona. Tiene que ser un sitio en alguna ubicación a la que pueda acudir cada día, y la forma en que se inculca este hábito es escogiendo un momento para practicarlo.

La mayoría de las personas prefieren las mañanas y, personalmente, yo soy de esos. Si consigo mantenerme alejado del correo electrónico, las noticias y las redes sociales en la mañana, puedo ver el efecto positivo que eso tiene en mi estado de ánimo para el resto del día. Empezar el día en lento silencio tiene algo que me permite orar y prepararme para lo que tengo por delante. Hace que mi mente se aclare de cualquier confusión y me disponga para cualquier cosa que me depare el día.

No creo que usted tenga que elegir la primera hora de la mañana. Obviamente, necesita encontrar un momento que le venga bien. Por lo general las personas suelen ser alondras matinales o lechuzas nocturnas. Y solo para que lo sepa, aunque la mayoría de nosotros no comencemos de ese modo, la investigación confirma que todos estamos destinados a ser alondras matinales. Según los estudios, se ha descubierto que tan solo el siete por ciento de los jóvenes adultos son alondras matinales. Sin embargo, hacia los sesenta años, solo el siete por ciento *sigue* siendo lechuzas nocturnas. Asimismo, las alondras tendían a afirmar que se sentían más felices que las lechuzas.[3] Aunque usted pueda sentirse programado para ser una lechuza nocturna, es posible que pueda engañarse y convertirse en una persona mañanera.

En lo personal, creo que los beneficios de la mañana superan a los de otros momentos del día. No obstante, ya sea que usted practique el silencio y la soledad por la mañana, a lo largo del día o por la noche, eso es algo que no podrá hacer sin intencionalidad. Escoja el momento que encaje mejor con su programa y su personalidad. Si es usted de esas personas que se despiertan de mal humor, no se levante a las cinco de la mañana para sentarse en silencio durante dos horas. No lo disfrutará ni sacará provecho alguno de ello. Si sabe que la mayoría de sus reuniones tienen lugar antes del almuerzo, no intente arañar treinta minutos de silencio para acoplarlos donde no encajan.

Ya sea que usted practique el silencio y la soledad por la mañana, a lo largo del día o por la noche, eso es algo que no podrá hacer sin intencionalidad.

Una vez más, la clave aquí es la constancia. Aunque se puede encontrar con personas que le dirán que pueden hallar silencio y soledad por la noche, rara vez he conocido a alguien de éxito que deje que el sol lo golpee. No obstante, lleve a cabo su propia investigación. Convierta el tema de la rutina matinal en una de las preguntas que les formule a personas exitosas. Balance final: los hábitos del silencio y la soledad dependen por completo de la regularidad. No elija un momento que no le guste o cuando crea que no va a funcionar. Como lo expone Russell Westbrook en ese anuncio de Mountain Dew: «Ellos no lo hacen. Hágalo usted». A continuación, cuando haya determinado el lugar y el momento, puede empezar su práctica.

Encuentre su práctica

Por si no lo ha notado, el tema de estos dos hábitos es *usted*. El silencio y la soledad pueden parecer distintos para cada persona.

No hay un lugar, un momento o una forma de practicar estos hábitos. Sencillamente tiene que descubrir lo que funciona mejor para usted y comprometerse a ejercitarlo.

Mi práctica parece bastante básica. Me gusta mi escritorio por las mañanas. En primer lugar, leo la Biblia, escribo en mi diario y oro. Normalmente esto suele tomarme unos treinta minutos, y me permite llevar el corazón a un lugar educable. En segundo lugar, escribo unas cuantas cosas por las que estoy agradecido. Los problemas se atenúan a la luz de la gratitud. También me he percatado de que el agradecimiento me hace salir del futuro y me trae de vuelta al momento presente. Esto tarda menos de cinco minutos. Y en tercer lugar, analizo mi día para pensar en cómo llevar a cabo las reuniones programadas de un modo más productivo. Como una forma de darles un empujoncito a mis pensamientos hacia los demás, utilizo la pregunta: «¿Qué necesita esta persona de mí?». Dedico unos veinte minutos a esta etapa. En total, intento pasar una hora en silencio y soledad.

Por otra parte, mi cuñado tiene una estrategia totalmente distinta. Verá, él es una especie de atleta extravagante. Participa en triatlones, lo que significa que se encuentra en una buenísima forma física y pasa mucho tiempo entrenando. Para alguien como él, sentarse quieto durante media hora no funciona. Por lo tanto, practica el silencio y la soledad en su bicicleta. Ya sea que esté recorriendo un sendero o una carretera, o incluso en casa en su bicicleta estática, el sillín es su lugar.

Personalmente, no se me ocurre nada peor. Sin embargo, él opina que mientras hace ejercicio es el mejor momento para estar a solas con sus pensamientos. Quizás usted también sea así. Tal vez salir a correr por la mañana sin auriculares es la mejor forma de que experimente el silencio y la soledad. Es posible que le guste la idea de sentarse, pero no quiere leer ni escribir. ¿Qué me dice de dibujar algo? ¿O de no hacer nada en absoluto, sino meditar en su día?

Tengo un amigo al que le gusta el golf. De modo que para su práctica del silencio y la soledad, coloca un tazón en el suelo y golpea bolas de golf para meterlas en él durante diez o veinte minutos cada noche antes de irse a la cama. ¿Ve lo creativo que usted puede ser con esta práctica? Resuelva qué hábitos y rituales se acoplan mejor a usted y conviértalos en parte de su rutina.

¡La idea es *que todo depende de usted*! Su lugar, su momento, su práctica. No obstante, sé lo que está pensando: *Necesito más dirección*. Yo también. Por ello, pasaremos a la idea de quedarse a solas, y por qué y cómo la soledad afectará su bienestar.

QUEDARSE A SOLAS

El problema con el ruido es que nos bombardea constantemente con otras voces. Ya sea que usted se esté ocupando de un cargamento de correos electrónicos o recorriendo las redes sociales, las voces de las demás personas están siempre presentes. Y en un sentido, esto puede ser algo bueno. Permanecer informado y en comunicación con los demás son facetas saludables e importantes de la vida. No obstante, si nunca nos damos un respiro para estar a solas, jamás aprenderemos a pensar. Y si no podemos pensar, no podemos liderar.

Aun así, esta es la forma en que muchos de nosotros actuamos. La próxima vez que se encuentre en la consulta de un médico o que esté en una fila esperando algo, mire a su alrededor. ¿Cuántos están mirando fijamente su teléfono? Yo seré el primero en admitir que lo hago. En el momento en que dispongo de un instante libre a solas, saco mi teléfono. Durante media hora, ni siquiera sé lo que estoy haciendo. Es un reflejo. El teólogo, profesor y autor Donald Whitney escribe: «La cultura nos condiciona para que nos sintamos cómodos con el ruido y las multitudes, no con el silencio y la soledad, y para que estemos más a gusto en un centro comercial que en un parque».[4]

¿Suena eso cierto para usted? ¡Somos muchos los que nos sentimos incómodos con el silencio que produce la soledad! Y esto significa que pocos nos encontramos naturalmente preparados para practicar este hábito. Hemos entrenado nuestra mente y nuestro cuerpo para que estén de continuo rodeados del ruido de los demás. Como resultado, estar a solas requerirá entrenamiento. Al principio resultará extraño, tal vez incluso francamente inusual. Sin embargo, del mismo modo que el discurso interno nos ayuda a entender mejor la voz que hay en nuestra cabeza, estar a solas nos vendrá bien para conocernos mejor a nosotros mismos.

Si quiere ser un buen líder, es crucial que sepa quién es y lo que tiene entre manos. Los seguidores llegan a ser de forma natural como sus líderes. Piense en ello. Apple adoptó la personalidad de Steve Jobs. Los valores de Amazon reflejan los de Jeff Bezos. Cada empresa, corporación y comunidad manifiesta a la persona que la lidera. No obstante, si usted no se entiende a sí mismo ni sus valores, ¿cómo va a dirigir a otros? ¿Cómo puede esperar que aquellos que lo siguen sepan qué se propone si usted mismo lo desconoce?

La alarmante verdad es que pocos nos conocemos en realidad a nosotros mismos, y somos todavía menos los que nos estamos tomando el tiempo para intentar aprender. C. H. Spurgeon observó esto mismo hace más de un centenar de años: «Pocos hombres se conocen de verdad tal como son en realidad».[5]

Si quiere ser un buen líder, es crucial que sepa quién es y lo que tiene entre manos.

Usted no puede llegar a conocerse como es en verdad si no saca tiempo para apartarse del ruido y estar a solas. La soledad significa estar solo con uno mismo el tiempo suficiente para aprender quién se es.

No resulta fácil, sobre todo si usted es como yo. La soledad será de extraordinaria ayuda para su bienestar general, pero también podría provocar un grave TDPA (para mis padres esto significa Temor de Perderse Algo). Consideremos entonces cómo convertir el estar solo en una alta prioridad y una buena práctica.

Empiece poco a poco

Si no ha practicado nunca la soledad, pasar todo un fin de semana completamente solo puede no ser el primer paso mejor que dar. Desde luego esa no es la forma ideal de construir un hábito. Si se está entrenando para una maratón, su primer ejercicio no debería ser una carrera de veinticuatro kilómetros. Al contrario, debería comenzar poco a poco.

Practique la soledad en episodios de cinco o diez minutos una vez al día durante unas cuantas semanas. Eso es todo. Tal vez esto signifique levantarse cinco minutos antes o dar un pequeño paseo durante su receso para comer. Sin importar cómo lo ponga en práctica, hágalo poco a poco y de forma manejable. Cuando usted empieza a formar un hábito quiere que el primer paso parezca viable. Pasar cinco minutos a solas, sin ruido ni distracciones, es algo que decididamente puede hacer hoy. No hay presión para actuar o hacer algo fuera de lo corriente. Ni siquiera me refiero a que tenga que intentar realizar algo en esos cinco minutos; no debería pretender hacer nada.

He tenido éxito practicando breves momentos de soledad en mi auto. Cuando empecé a implementar este hábito, la idea del silencio y la soledad me incomodaba. Tengo amigos que han pasado un día entero en un monasterio. A mí me parece como correr una maratón sin entrenamiento alguno. Empezar con solo unos minutos de silencio en mi auto me permitió ejercitar mi músculo de la soledad. Me ayudó a entender que los primeros minutos del día me pertenecen. Ahora los utilizo para pensar en lo que quiero. No hay programa ni prioridad, nada que necesite llevarse a cabo. Sencillamente estoy a solas con mis pensamientos. Creo que es algo que merece la pena, pero es preciso que lo decida usted mismo.

Empiece lentamente

Uno de los grandes beneficios de la soledad es que me ayuda a aminorar el ritmo. Por eso me gusta ponerlo en práctica al principio del día. Si usted es como yo, una vez que arranca la jornada puede ser difícil detenerse. Los ritmos de la vida se mueven con rapidez y podemos fácilmente quedarnos atrás.

Sin embargo, la soledad me frena. Impide que me abrume. A esto me refiero con empezar lentamente. Cuando incorpore este hábito a su vida por primera vez, no se imponga demasiado que hacer en su tiempo a solas. La tentación será pensar detenidamente en un cierto número de cosas. Tal vez querrá traer a su memoria sus objetivos personales, o quizás repasará en su mente el horario para el día y se asegurará de estar preparado para cada reunión. El propósito de la soledad no es ese.

Alejado de las altas velocidades del mundo, la soledad es un lugar seguro. Si entra allí con un programa, no hallará descanso ni paz. Por lo tanto, resístase al deseo de hacer algo o completar alguna tarea. Siéntese con sus pensamientos y aminore el ritmo. Todo lo que tenga que hacer seguirá ahí cinco minutos después. Puede permitirse el tiempo necesario para detenerse.

Permanezca fuerte

Advertencia: el hábito de la soledad no cosechará siempre beneficios instantáneos. Incluso podría practicarlo durante semanas a la vez sin beneficios tangibles. Si alguien le preguntara por qué se toma tiempo para estar solo, es posible que usted no tenga una respuesta preparada. Eso no importa.

La soledad ofrece gran alivio y gran frustración. Por una parte, no tiene que «sacar algo de ella». Por la otra, a veces no hay nada que «sacar de ella». Si usted es un triunfador, este paradigma será frustrante. No obstante, esto es exactamente algo en lo que debe ser firme. Parte del ruido del mundo implica una presión tácita a llevar a cabo y lograr. La soledad es la refutación del estruendo.

No hay nada que conseguir ni logro que mostrar al final de los cinco minutos a solas. Los beneficios son enteramente internos, y a menudo ni se sienten. Resista. La práctica de la soledad lleva tiempo, pero merece la pena ser sistemático. Usted se está entrenando en algo que está por completo en contra de las normas culturales. El sonido del mundo no quiere que usted se escuche a sí mismo. Le prometo que cada día se le ocurrirá algo mejor que hacer en los cinco minutos que pasarlos en soledad y silencio. Sin embargo, practicar estos hábitos lo liberará para ser un mejor líder, alguien que no se esté ahogando todo el tiempo en el mismo ruido que todos los demás oyen.

CALLARSE

Una vez que aprenda a apartarse y estar a solas, lo único que queda es callar. Esta es la parte más desafiante. Resulta tan difícil que es una de las razones que me impulsaron a escribir este libro. No obstante, puede hacer tres cosas para que este paso sea más fácil y gratificante.

Guarde silencio

En el capítulo anterior consideramos el discurso interno y la importancia de conversar con nuestra voz interior. Y con frecuencia podemos usar la soledad para hacer sencillamente eso. Sin embargo, también hay algo útil en hacer silencio y escuchar.

Cuando empiece, tal vez le parezca que necesita algo que guíe sus pensamientos. Si es así, yo suelo volver de forma rutinaria a estos dos formatos parecidos a una oración:

1. Padre celestial, ¿qué quieres hoy *para mí*?
   Quiero...
   Necesito...
2. Te entrego...

Mi mente siempre va a mil kilómetros por minuto, y guardar silencio no es algo que se produzca de forma natural. No obstante, cuando sucede, me refresca de un modo en que ningún otro hábito consigue hacerlo. Apuesto a que usted ya ha experimentado algo parecido.

¿Ha conducido alguna vez por una carretera que conocía como la palma de su mano y de repente ha llegado a su destino sin recuerdo alguno del trayecto? Suena peligroso, ya lo sé. Pero tal vez esté tan familiarizado con su recorrido a casa que ni piensa en los giros que hace o en las carreteras en las que se encuentra. Solo conduce en modo piloto automático. Entonces aparece en la entrada de su casa y siente como si se estuviera despertando de un trance.

Este es el tipo de sentimiento que podrá experimentar al callar. Es fácil «practicar» el silencio y la soledad cuando, en realidad, lo único que está haciendo es hablando consigo mismo o pensando en voz alta. Guardar silencio de verdad significa acallar la parte del pensamiento crítico de su cerebro. Este es el reto: escuche al silencio. Suena tremendamente espiritual y extraño, pero le aseguro que esta costumbre lo ayudará. La misma no solo le proporciona la capacidad de aclarar por completo su cabeza, sino que lo libera de la presión del ruido. Si puede tomarse el tiempo de callar de verdad, sentirá que sus hombros se relajan un poco. De repente, todo el estrés del que ni siquiera era consciente desaparecerá. Ahora bien, no estoy afirmando que callar vaya a resolver todos sus problemas. ¡Pero al menos le dará el respiro que tanto necesita!

Aíslese

Guardar silencio significa aislarse de las cosas que hacen ruido. Esto puede parecer ridículamente obvio, pero merece la pena reiterarlo. Usted no puede experimentar el silencio y la soledad frente a la pantalla de una computadora. El hecho de que no hable mientras ve Netflix no significa que está practicando realmente el silencio. Mirar una pantalla es, sencillamente, otra forma de ruido.

Este es mi reto para usted: si se va a tomar el tiempo de intentar esto, hágalo de verdad. No se limite a pasar cinco minutos adicionales revisando el correo electrónico por las mañanas. No aparte tiempo para estar a solas con su teléfono. Aíslese de todo.

Mi regla general es que si algo tiene pantalla es una enorme distracción para el silencio y la soledad. Sin embargo, a menudo leo la Biblia en una pantalla. Cuando lo hago, me aseguro de apagar las notificaciones para no distraerme. El propósito principal de guardar silencio es reducir las distracciones. Ahora bien, lo más probable es que nunca consiga que estas sean nulas. Aunque elimine cada cosa que lo desconcentre, siempre habrá la probabilidad de que escuche el revoloteo de unas alas, el susurro de las hojas o el zumbido del aire acondicionado. Este tipo de cosas escapan a su control. No obstante, sí puede eliminar los sonidos y las vibraciones de sus dispositivos.

La tecnología es algo estupendo. Ha logrado maravillas para nuestra sociedad y nuestra cultura, haciéndonos avanzar de maneras que no habríamos podido imaginar jamás. Sin embargo, ha eliminado casi por completo el silencio y la soledad de nuestras costumbres diarias. Resístase a las alertas de sus dispositivos. Le aseguro que estará bien sin ellos durante unos cuantos minutos.

Ciérrese

Uno de los mejores argumentos que he escuchado para practicar los hábitos del silencio y la soledad al final del día es la capacidad que le dan para que usted se cierre. Todos hemos tenido días en los que el trabajo nos ha resultado particularmente largo y agotador. Después tuvimos que preparar la cena, limpiar lo que hacen los niños, ayudarlos con el baño, acostarlos, y de repente nos sentimos hechos polvo.

No me refiero a cerrarse en un sentido negativo. Ni a retraerse o evitar la conversación cuando está lastimado o molesto. El tipo de cierre al que aludo es sencillamente una forma de desconectarse del día. Implica dejar el ruido atrás y entregarse al silencio.

Esto podría parecer una cosa que solo puede practicarse al final del día, pero de nuevo es algo que depende de usted. Cerrarse

Los grandes líderes bajan el volumen del ruido lo suficiente y durante el tiempo apropiado para sentir una curiosidad implacable con respecto a sus emociones.

a todo durante unos cuantos minutos antes de comenzar su jornada podría ser exactamente la práctica que necesita. No le voy a indicar cuándo debería hacerlo. Su lugar, su momento y su práctica son cosa suya. Estoy enfatizando la idea de cerrarse a todo para que sepa que el silencio y la soledad no sirven como otro sitio en el que usted necesita hacer algo.

En esta práctica no existe presión alguna para realizar algo. Es lenta, silenciosa, fácil, tranquilizante y rejuvenecedora. Es posible que tenga que darse usted mismo permiso para creerlo. El ruido del mundo nunca le contará esta verdad. Este es inherentemente opuesto al silencio. No obstante, callarse, aislarse y cerrarse producirán maravillas en su salud mental, física y emocional. Si no me cree, inténtelo y decida por sí mismo. Sin embargo, recuerde que los grandes líderes bajan el volumen del ruido lo suficiente y durante el tiempo apropiado para sentir una curiosidad implacable con respecto a sus emociones.

ENTRENAR, NO INTENTAR

¿Es escéptico sobre todo esto? ¿Le resulta un poco extraña la idea del silencio y la soledad? No pasa nada. Eso significa que usted es como yo. Al principio, yo no estaba convencido de que todo esto mereciera mi tiempo. Desde luego, había oído hablar a personas de éxito sobre la meditación o el yoga, o cualquier práctica extraña que realizaran para estar a solas y calladas. Sin embargo, no me convencí hasta que lo intenté. Y es lo único que le estoy pidiendo a usted.

Este capítulo está repleto de prácticas y técnicas que lo ayudarán a experimentar los beneficios del silencio y la soledad. No obstante, depende de usted probar cualquiera de ellas. Sé que muchas personas leen libros como este y piensan: *Sí, parece una buena idea.* Y después no hacen nada al respecto. La práctica del silencio y la soledad no es tan solo una «buena idea». Es un punto de inflexión.

En el libro de John Ortberg, *La vida que siempre has querido,* él proporciona el consejo más útil para el cambio con el que me haya encontrado jamás. Lo atribuye al libro de Dallas Willard, *El espíritu de las disciplinas.* He leído ambos libros, y Ortberg resume la recomendación con suma claridad: «Existe una enorme diferencia entre entrenarse para hacer algo e intentar realizarlo».[6]

Si usted se convence a sí mismo de que los grandes líderes han nacido mediante los hábitos del silencio y la soledad, y se involucra de lleno en ello, intentando convertirse en un gran líder, fracasará. ¿Por qué? Porque estos hábitos son difíciles. Realmente lo son. No obstante, si piensa en entrenarse, es mucho más probable que llegue a donde quiere estar. Cuando, no si, fracasa en dedicarle tanto tiempo al silencio y la soledad como cree que debería, no tiene que tirar la toalla. Solo tiene que convencerse de que está en período de formación. No ha fracasado. Encontrarse con obstáculos solo es parte del entrenamiento. Y no renunciar también lo es.

En un mundo bullicioso, abarrotado, ruidoso y agotador, el silencio y la soledad constituyen las formas en que usted puede nadar contra la corriente. Estos son los hábitos que irrumpen a través del ruido y nos permiten vivir con una imagen más clara de lo que estamos haciendo en la tierra. Sin embargo, son inútiles si lo único que usted hace es limitarse a leer sobre ellos. Si no hace nada con el material presentado en este capítulo, el mismo solo se convertirá en más ruido en su vida. Por lo tanto, antes de asentir o disentir con respecto a la utilidad del silencio y la soledad, intente practicarlos. Después podrá decidir si estos hábitos merecen el esfuerzo.

CAPÍTULO 9

HÁBITO CUATRO:
PULSAR LA
PAUSA

Hasta ahora hemos hablado de los hábitos de encontrar la simplicidad, hablar con usted mismo y callar. Lo más probable es que ninguna de estas cosas le resulte extraña. Aunque es posible que nunca las haya practicado o entendido cómo pueden funcionar de manera tangible en su vida, los conceptos mismos no le han parecido poco familiares. Ahora estamos hablando de *pulsar la pausa*. Uno de los mejores ejemplos de hacer esto se encuentra en el concepto del Sabbat. Y si usted no es cristiano, o si no es mucho de ir a la iglesia, esto podría sonarle raro. Incluso si ninguna de estas dos opciones es correcta en su caso, tal vez no sepa con exactitud lo que esto significa. Así que vamos a solucionar eso.

Si ha notado un mismo tema en los últimos capítulos, es probable que se haya percatado de que todos los hábitos que hemos tratado crearán tendencias en usted que lo harán diferente. Viva como nadie más ahora y será como nadie más después. Por mucho que esto suene a estereotipo, en realidad es verdad. O como Via Pullman (interpretado por Izabela Vidovic) afirmó en *Wonder*: «Usted no puede camuflarse cuando nació para destacar».[1]

Encontrar sus *porqués* lucha con la glorificación del materialismo y el ajetreo que lleva a cabo nuestra cultura. El discurso interno lo entrena para escuchar de manera que pueda comprender sus propios pensamientos, lo cual es una idea contradictoria en un mundo que está siempre intentando decirle algo nuevo. Y callarse va en contra de una cultura ruidosa que exige constantemente su atención.

Todas estas prácticas lo ayudarán a apagar el ruido para poder prestarle una atención especial a lo que sus emociones le están indicando. Y si usted se ha sentido atraído por tales hábitos debido a su naturaleza contracultural, practicar este que sigue será justo lo que necesita. No son muchas las voces ahí afuera que le hablan sobre la importancia y el valor de pulsar la pausa. Sin embargo, una de ellas lo ha estado predicando durante miles de años. Ahí es donde empezaremos a comprender esta práctica, y entonces podrá comenzar a incorporarla a su rutina semanal.

¿QUÉ SIGNIFICA EL *SABBAT*?

Para entender el poder de pulsar la pausa tenemos que comprender por qué la costumbre de observar el Sabbat (o día de reposo) ha superado la prueba del tiempo. Durante miles de años, las culturas han instituido e inculcado el valor de hacer pausas en el trabajo para garantizar el descanso y la reflexión. El término podría conllevar fuertes matices religiosos; no obstante, la filosofía de la práctica del Sabbat no solo forma parte de nuestra cultura judeocristiana, sino también de casi todas las culturas alrededor del mundo.

Sabbat es una palabra relacionada con la iglesia. Lo entiendo. Suena como una cosa que los sacerdotes y los obispos entienden, y como algo que la persona laica podría no comprender por completo. Y si considera la iglesia moderna, encontrará muchas definiciones e interpretaciones distintas de lo que es el Sabbat y cómo se ve en nuestra vida. Sin embargo, quiero mostrarle cómo el día de reposo no solo se relaciona con el domingo ni es tan solo una práctica espiritual. Se trata de una disciplina personal con el fin de que se convierta en una persona más sana, lo cual hará de usted un mejor líder.

El día de reposo no solo se relaciona con el domingo ni es tan solo una práctica espiritual. Se trata de una disciplina personal con el fin de que se convierta en una persona más sana, lo cual hará de usted un mejor líder.

No obstante, para practicarlo necesitamos una breve lección de historia sobre el origen del Sabbat y de dónde procede. Para ello, recurrimos a la Biblia.

El Sabbat ha existido en realidad desde el principio de la creación. Después de que Dios creara todo, se tomó un día de descanso. No fue porque estuviera cansado ni porque necesitara un respiro. Él estaba muy bien. Sin embargo, lo que su día de reposo hizo fue sentar un precedente para que las personas lo siguieran. Recordar el Sabbat es el cuarto de los Diez Mandamientos. Dios le dio instrucciones a su pueblo para que descansara el séptimo día, y aquí tenemos lo que proporcionó como su razonamiento: «Acuérdate de que en seis días hizo el SEÑOR los cielos y la tierra, el mar y todo lo que hay en ellos, y que descansó el séptimo día. Por eso el SEÑOR bendijo y consagró el día de reposo» (Éxodo 20:11).

Dios indicó que el Sabbat empezó en el principio. Él diseñó que el descanso formara parte de nuestra naturaleza. Nos hizo así para que necesitáramos un día libre. Y si usted ha estado trabajando sin parar, lo más probable es que ya se haya dado cuenta de ello. No obstante, somos muchos los que vivimos como si descansar un día fuera opcional. El fin de semana ha pasado de ser un tiempo de relajación a convertirse en un tiempo para ponerse al día con el trabajo extra de la semana y adelantarse a lo que está por llegar. Nuestros esfuerzos agotadores se han convertido en su propia forma de ruido.

No estoy afirmando que todo el mundo sea adicto al trabajo. Tampoco estoy diciendo que tenga que dejar de trabajar. Tener empleo es algo estupendo. Pone comida en la mesa para nuestro cónyuge y nuestros hijos (y todos queremos comer). Sin embargo, ¿trabaja usted para vivir, o vive para trabajar? Para muchos de nosotros el trabajo ha pasado de ser un *medio para un fin* a convertirse en el *propósito real mismo*. El equilibrio trabajo-vida se ha convertido en un equilibrio trabajo-trabajo.

> No obstante, queda claro que desde el principio de los tiempos Dios diseñó la vida para que fuera diferente.

No obstante, queda claro que desde el principio de los tiempos Dios diseñó la vida para que fuera diferente. Él nos creó con la necesidad de descansar. Pensó que el reposo era tan importante que incluso nos mostró cómo es tomándose un día libre.

La historia del Sabbat no acaba aquí. Los israelitas —el pueblo al que Dios le ordenó descansar— tomaron este mandamiento de manera literal. En el día de reposo (que empezaba al caer el sol el viernes y terminaba el sábado por la noche) no hacían nada. Y quiero decir *nada*. Al principio parecía lo correcto. Dios les dijo que descansaran y es exactamente lo que hicieron. Sin embargo, con el tiempo, el mandamiento de Dios se tergiversó y las personas añadieron sus propias normas. Finalmente, el acto de descansar requirió mucho esfuerzo.

Los maestros judíos de la ley establecieron docenas de normas en torno a lo que el pueblo podía o no podía hacer en el Sabbat. Como resultado, no podían recorrer a pie ciertas distancias, cocinar, ni atender a sus animales... y la lista seguía y seguía. Como puede imaginar, intentar descansar en el Sabbat se convirtió en una terrible y agotadora experiencia. Entonces vino Jesús.

Si lee los cuatro primeros libros del Nuevo Testamento, detectará a dos grupos de personas a las que Jesús se oponía constantemente: los fariseos y los saduceos. En muchas de esas historias del evangelio vemos a Jesús enfrentándose a ellos. Uno de los principales reclamos que le hicieron a Jesús fue que él y sus discípulos no observaban el Sabbat «de la forma adecuada». Múltiples veces Jesús realizó milagros durante el día de reposo, algo que para los observantes y maestros de la ley era terrible.

Sin embargo, Jesús estaba señalando que el Sabbat no tenía nada que ver con un día específico. Ni había que hacer un montón de normas y reglas en torno a ese día. Su intención era hallar descanso, ese reposo que necesitamos con desesperación. Cuando lo acusaron de quebrantar el Sabbat, Jesús respondió: «El día de reposo fue hecho por causa del hombre, y no el hombre por causa del día de reposo» (Marcos 2:27).

¿Qué significa esto? Jesús vuelve a señalar el designio original de Dios. Él estaba afirmando que Dios sabía que los seres humanos iban a necesitar descanso, y por ello creó el Sabbat como el lugar y el espacio para satisfacer esa necesidad. El día de reposo no está relacionado con un día específico. Tiene que ver con pulsar la pausa de manera intencionada con el fin de descansar en la verdad que conocemos de Dios: que Él nos diseñó, está al tanto de nuestras necesidades y sabe exactamente cómo saciarlas. J. D. Greear, autor y pastor, describe el Sabbat de esta forma:

> No se trata de que el domingo sea el nuevo Sabbat y que este ahora se convierta en el día en que todos los cristianos de todas partes deben adorar. La idea es que Cristo mismo es el día de reposo, y si descansamos y nos regocijamos en su resurrección, hemos cumplido este mandamiento. Aunque somos libres de los tecnicismos de la ley sabática, seguimos siendo el pueblo de Dios y estamos hechos del mismo material que Israel. Esto significa que aún deberíamos tomar un día a la semana para observar el descanso del Sabbat. No obstante, para los cristianos, el día de reposo significa que reposamos y recordamos el evangelio.[2]

En este momento debo reconocer que si usted no es cristiano, el Sabbat podría no tener mucho sentido. Estamos a punto de realizar la transición al consejo práctico y a cómo puede verse hoy el día de reposo, pero es imposible hablar de ello sin enfatizar los componentes profundamente espirituales que conforman esta práctica. Cuando usted establece el hábito de pulsar la pausa, se está entrenando para depositar su confianza fuera de usted mismo. En sentido literal, tomarse un día para observar el Sabbat significa confiar en que Dios le dará el tiempo y la energía necesarios para hacer todo lo demás durante la semana. Esa no es tarea pequeña. Con eso usted está diciendo: «Confío en alguien que no soy yo para que me ayude a hacer lo necesario». Y esa persona es Dios. Aquel que nos diseñó para necesitar descanso, también nos diseñó para que encontráramos este descanso en él.

Si usted no es seguidor de Jesús, primero debería considerar serlo. Como mi jefe, pastor y amigo, Andy Stanley señala: «A cualquiera que predice su propia muerte y resurrección, y lo cumple [...] deberíamos tomarlo en serio». Creo que seguir a Jesús hace que la vida sea mejor y que usted sea mejor en la vida. Sin embargo, si no es un seguidor de Jesús, eso no significa que tenga que dejar a un lado este libro. Y no se limite a creerme a mí. ¡Son muchas las fuentes que apuntan a una costumbre semanal de pulsar la pausa como forma de volver a empezar y renovarse![3] Conforme efectuamos la transición desde la historia del Sabbat hasta su practicidad, creo que descubrirá varias buenas razones para que la observancia de ese día de reposo le ayude a apagar el ruido a fin de convertirse en un líder mejor.

No obstante, he aquí el secreto del Sabbat: se puede hallar descanso, no al final de una lista de quehaceres, sino en medio de todo lo que usted hace. El verdadero reposo no le está aguardando más allá de la próxima fecha tope, no es algo que está en el horizonte lejano y siempre escurridizo. Se halla donde usted se encuentra. Si puede reconocer que hay algo más grande que usted, descansar en lo que hace es posible. Los seguidores de Dios entienden que son pequeños e inconsecuentes en su gran esquema. Y este conocimiento los libera para descansar —y trabajar con diligencia y fidelidad, por supuesto— mientras creen que Dios sigue llevando a cabo su plan y su voluntad.

El Sabbat es el reconocimiento de la tensión producida por el hecho de que estamos llamados a esforzarnos, pero a confiar en Dios con nuestro trabajo. Las personas que entienden el día de reposo no se toman muchos días libres para no hacer nada. En lugar de eso, trabajan duro con disciplina y diligencia, a la vez que reconocen que la obra de Dios es más importante y siempre se lleva a cabo.

Este concepto es crucial para los líderes que viven en un mundo de distracciones, porque escapar al ruido y al ajetreo no siempre será posible. En ocasiones, el ruido nos rodea por completo y no podemos escapar de él. En esos momentos es cuando hallar reposo lo ayudará a convertirse en un líder mejor. Si esta idea le parece interesante, empiece a considerarla a través de la lente de otra práctica espiritual: el ayuno.

EL AYUNO PARA AMINORAR EL PASO

Otra práctica de pulsar la pausa es el ayuno. Esto es algo que siempre me ha intimidado. Parte de la razón para ello es mi gran afición por la comida. Con toda sinceridad, no he evadido muchas comidas en mi vida. Por el contrario, disfruto de ellas con firme regularidad. Tras leer la biografía de Walter Isaacson sobre Steve Jobs, me excluí a mí mismo como líder empresarial, sobre todo por la forma tan extraña de comer que tenía Jobs. Si esto es lo que se requiere para crear un producto transformador de vida, yo nunca seré capaz de ello. (Ahora bien, en aras de la justicia, existe un gran abismo entre Steve Jobs y yo por otras muchas razones, y usted nunca debería descartarse a sí mismo por sus hábitos alimenticios).

Mientras más aprendo sobre el poder del ayuno, mejor entiendo que no trata tan solo de la comida. Si la intención original del Sabbat consistía en apagar las distracciones y el ruido en aras de confiar más en Dios, entonces el ayuno es simplemente una forma del Sabbat. El ayuno puede o no ser acerca de la comida. Ayunar de cualquier cosa —ya sea de la comida, los medios de comunicación social, las compras o el trabajo— es una forma práctica de implementar los principios del Sabbat en muchos ámbitos de la vida. El ayuno puede ser una forma de apagar el ruido con el fin de avivar la curiosidad emocional.

Mientras más aprendo sobre el poder del ayuno, mejor entiendo que no trata tan solo de la comida.

Otro modo en que el Sabbat toma forma es en el año *sabático*. Este concepto se basa en la práctica bíblica del Sabbat. En Levítico 25, a los judíos se les ordenó un respiro de un año completo del trabajo del campo cada siete años. ¿Por qué? En una sociedad agrícola, cuando alguien no se ocupa de los campos, depende de que su sustento proceda de otro lugar u otra persona. Sin duda Yahvé estaba intentando ayudar a su pueblo para que aprendiera a confiar en él, apagando el ruido en que podría llegar a convertirse ese trabajo. (Más adelante en este mismo capítulo veremos la forma más larga del sabático).

Uno de nuestros elementos comunes con el pueblo de Jesús de hace millares de años es nuestra fijación en el trabajo como una forma de ruido. Y aunque solo he escuchado de pastores y profesores que disfrutan de un sabático, creo que existe la necesidad de extenderlo a todo tipo de ocupación. Para mí, el fin de semana provee la oportunidad de un día de Sabbat, y a veces de dos días sabáticos. Apagar el ruido del trabajo realiza algo profundo en mí, y me enseña tres cosas:

1. En primer lugar, me indica que no soy tan importante. Cuando dejo el trabajo solo para unos cuantos días, recuerdo que la vida se irá moviendo conmigo o sin mí. La lección de que la vida sigue adelante sin nosotros tiene un enorme impacto positivo sobre nuestra estabilidad emocional y nuestra salud.
2. En segundo lugar, aprendo que el trabajo no es mi vida. Cuando lo único que hago es laborar, toda mi vida es trabajo. Cuando tomo un respiro del trabajo, puedo ponerlo en su lugar adecuado. Mi trabajo y mi vida personal no están reñidos. En realidad son interdependientes. Dependo de ambos para que mi vida sea lo más saludable posible. Cuando me aparto del trabajo, me doy cuenta de dónde este debería estar situado en el orden de importancia de mi vida.
3. Finalmente, tomar un respiro del trabajo me enseña a pensar en laborar de una forma diferente. Me permite considerar al trabajo desde una perspectiva más alta y elevada, lo cual a su vez me hace ver cosas de mi labor cotidiana que de otro modo no hubiera notado.

Un ayuno o un sabático no tienen por qué ser una cantidad de tiempo ni necesitan ser relegados a cierto ámbito de la vida. Usted puede ayunar o tomar un sabático de todo lo que esté permitiendo demasiado ruido en su vida. Y cuando apaga el sonido, se hace el regalo de la evaluación.

Estoy completamente a favor de una vida *evaluada*. Tristemente, la mayoría de nosotros no apagamos el ruido lo bastante ni el tiempo suficiente para evaluar de verdad lo que hay en nuestro interior. Ahí

> Cuando apaga el sonido, se hace el regalo de la evaluación.

es donde el Sabbat puede ayudar. Yo no habría aprendido nada de esto de no ser por la idea de encontrar el día de reposo en el ayuno. Cuando consideré los ámbitos de mi vida donde necesitaba descanso, pude experimentar los beneficios de apagar el ruido en ellos. El empresario e inversor Timothy Ferriss ayuna de manera específica de las redes sociales. Él describe a las redes sociales y a los beneficios de ayunar de ellas así: «Se trata de una ansiedad de bajo grado que persigue [a las personas] todo el día, de manera que se convierte en su nueva normalidad. Cuando se apartan de las redes sociales, incluso durante veinticuatro horas [...] es increíble el alivio psicológico que esto supone y cuánta recuperación les proporciona a las personas».[4]

Ferriss se ha involucrado en otras cuantas experiencias de ayuno. Durante toda una semana ha dormido en el suelo, no se ha cambiado de ropa y ha comido fideos Ramen.[5] Él utiliza el término «sufrimiento voluntario» para describir estos tipos de ayunos, los cuales en mi opinión son la imagen perfecta de cómo puede ser el Sabbat. Usted escoge renunciar a algo para desarrollar otros puntos fuertes. Elige apagar el ruido para poder escuchar a otra persona. Decide no llevar a cabo algo para poder descansar. Lo extraño es que tal desarrollo personal, escucha y descanso nos parecen a muchos de nosotros un sufrimiento. Un día libre podría parecerle a usted una tortura, pero le aseguro que cambiará su forma de vida.

Percibirá que hay cosas que no necesita en su vida. El exceso se hará evidente. Los hábitos poco saludables se manifestarán tal como son. Y finalmente, conseguirá algún espacio en su cabeza para evaluar su forma de liderar y vivir.

Por supuesto, las redes sociales son el ejemplo obvio de una fuente de ruido en nuestra vida, y usted debería decididamente probar ayunar en cuanto a ellas. Sin embargo, no es a lo único que necesita aplicarle el ayuno.

¿En qué ámbitos de su vida necesita un respiro?

¿Qué le impide hallar descanso?

¿Puede quitarle algún tiempo a esa actividad?

Si es así, ¿qué beneficios cree usted que obtendrá?

Este es el reto. Escoja algo a lo cual renunciar. No porque sea malo, sino tan solo para aprender lo que de otro modo nunca aprendería. Sin duda conocerá algo sobre sí mismo, y podría llegar a ser una persona mejor debido a ello.

Y lo más genial con respecto al Sabbat es que no es tan solo una forma de abandonar cosas. También es una manera de iniciar algo nuevo, como un ritmo de vida nuevo y más saludable.

ENCONTRAR EL RITMO

Hay un hecho divertido acerca del término *ritmo* (en inglés, *rhythm*): jamás lo he deletreado correctamente al primer intento en inglés. Algo en esta palabra hacía que nunca me pareciera haberla escrito bien, y es que no tiene vocales. Sin embargo, sé que el ritmo es un importante factor para liderar bien. Hacer sitio

Encontrar espacio lejos de todas las distracciones puede proporcionarle la ocasión para descubrir su porqué.

para el Sabbat puede ayudarlo a encontrar su ritmo, y esto lo ayudará a convertirse en un mejor líder en tres maneras.

El ritmo como forma de recordar

Remóntese en su memoria a cuando hablamos de hallar su porqué. El Sabbat puede ser la forma de conseguirlo. En ocasiones hay demasiado ruido para responder verdaderamente a la pregunta: «¿Por qué estoy haciendo esto?». No obstante, encontrar espacio lejos de todas las distracciones puede proporcionarle la ocasión para descubrir su porqué. Después de haber hecho esto una vez, puede dejar de buscar su porqué y empezar a recordarlo. Este cambio es sutil, pero enorme.

Si usted pudiera encontrar una forma de recordar por qué ha venido actuando así cada semana, piense cuánto más productiva —por no decir placentera— sería su vida. Tuve una amiga que sufría de lo que ella denominaba *los miedos del domingo*. Tal vez pueda verse reflejado. Los miedos del domingo se presentan cuando llega la tarde y uno empieza a darse cuenta de que el fin de semana ha acabado y está a punto de regresar al trabajo. Si no tiene ganas de volver al trabajo, entonces podría tener una sensación de terror en la boca del estómago. Son los miedos del domingo. Y si no está familiarizado con su porqué, tal vez se encuentre experimentando esa sensación una semana tras otra.

En cambio, tomarse tiempo el domingo por la noche para recordar por qué trabaja le ayudará a presentarse el lunes con una imagen más clara de sus objetivos, por no hablar de una mejor actitud general. Sin embargo, este no es más que un ejemplo. En el ritmo de su vida, ¿qué necesita recordar con respecto a su porqué? ¿De qué necesita alejarse para recordar su porqué? En el caso de mi amiga, ella escogió dejar de ver Netflix los domingos por la noche y en vez de ello recurrió a la meditación. Se apartó de la distracción y se dirigió a un sitio para recordar. ¿Cómo podría ser esto para usted?

El ritmo como recordatorio

El Sabbat también puede ser una forma de traer a su mente por qué hace ciertas cosas. Esto podría parecer similar a recordar, pero es diferente debido a que no se relaciona necesariamente con su porqué personal. En cambio, eliminar ciertas cosas de su ritmo, o añadir otras nuevas, le recordarán en primer lugar el propósito de las mismas. Ya hemos mencionado el experimento de mi esposa de eliminar las redes sociales durante un mes. Cuando lo hizo, lo primero fue recordar por qué estaban allí. En ese ejemplo, el recordatorio no consistía tanto en que las redes sociales fueran una necesidad percibida que sirvieran a un propósito obvio. En su lugar, había otras cosas en las que merecía la pena enfocarse.

Otro ejemplo es la idea de renunciar a los dulces. Cuando se hace algo así, se consigue el espacio para recordarse a usted mismo por qué estos están ahí en primer lugar. Apartarse de ellos le proporciona la libertad de afirmar: «Los dulces forman parte de mi vida para recordarme que debo aminorar el paso y disfrutar de las cosas sencillas». O tal vez tomarse un respiro de ellos lo ayudará a entender que ocupan un lugar demasiado grande en su dieta. El Sabbat lo ayuda a recordar por qué las cosas están ahí, para bien o para mal.

No se trata de que elimine todas esas cosas «malas». Sencillamente es dar un paso atrás para evaluarlas. Los dulces y las redes sociales pueden ser cosas estupendas. O podrían ser cosas que no necesita en su vida. Ninguna de estas opciones es necesariamente correcta o incorrecta, sino que a veces precisamos el espacio dejado por algo para recordar por qué está ahí.

El ritmo para reabastecer

Reabastecer significa llenar algo de nuevo. Piense en esto como un balde en un pozo. Si tiene que sacar su agua potable de un pozo, tendría que rellenar el balde con regularidad. Tal vez con uno solo de estos recipientes tendría agua para beber unos días, o hasta una semana entera. No obstante, si usted no se toma nunca el tiempo de volverlo a llenar, pronto estará sediento. Por otra parte, si repone el balde cada lunes y jueves, estaría abastecido.

Este es un ejemplo obsoleto —ahora la mayoría tenemos grifos— pero la verdad es que muchos de nosotros estamos viviendo con baldes vacíos. Intentamos hacer todo lo que podemos en el trabajo, en casa y en nuestros pasatiempos, y sencillamente no contamos con el tiempo o la energía para hacerlo todo bien. El Sabbat es una forma de dejar espacio para reabastecernos. Si no estamos haciendo esto, no tendremos nada que derramar. O si solo nos llenamos de ruido, lo que verteremos no le hará bien a nadie.

Es entonces cuando el Sabbat puede ser muy útil. Literalmente, se trata de un período de descanso. Sin embargo, la clave aquí está en incorporarlo a su ritmo semanal, por no decir diario. De otro modo será algo que solo practica de vez en cuando, por lo general tras quedar agotado mental y físicamente. Tengo un amigo que se marcha del trabajo una hora antes cada miércoles. Recupera esa hora los demás días de la semana, pero el miércoles se va antes. Para él, se trata solo de una hora. Eso es lo único que necesita para reabastecerse y volver al día siguiente sintiéndose renovado. Para usted, podrían ser treinta minutos cada día, o una jornada completa una vez a la semana. No puedo indicarle qué es lo mejor para su vida; es necesario que usted pruebe distintos ritmos para descubrirlo.

Una vez que tenga su ritmo, puede encontrar lugares en él donde crear algún espacio. Y puede usar dicho espacio para que le recuerde que puede permitirse descansar.

ENCONTRAR ESPACIO

Aunque el *Sabbat* pueda ser un término poco familiar para muchos de nosotros, quiero acabar con una idea ligeramente más reconocible: el sabático. Usted puede reconocer esto como en el caso de un profesor que se aparta unos cuantos meses de la escuela. No obstante, desearía argumentar que un sabático es algo en lo que todos podemos involucrarnos. En realidad, los sabáticos ya están en nuestro calendario.

El fin de semana debería ser un sabático semanal. Ya hemos designado cuarenta y ocho horas para que sean las zonas libres de trabajo. ¿Por qué no usarlas? Para muchos de nosotros, los fines de semana pueden ser un período sin trabajo, pero hemos escogido llenarlo con docenas de otras actividades. Estas no son malas, sin embargo, no nos proveen el espacio para entender que alejarse de la oficina durante un par de días puede ayudarnos a ver.

No estoy argumentando que debería sacar a sus hijos del equipo de béisbol o que deje de hacer viajes a Home Depot los sábados. Al contrario, lo estoy retando a considerar un día del fin de semana, o tal vez un fin de semana al mes, como un tiempo para distanciarse un poco. Porque cuando pueda crear espacio entre usted y su trabajo, aprenderá algo.

Los sabáticos son especialmente útiles para las personas resueltas. Nos recuerdan que el trabajo seguirá haciéndose con o sin nosotros. Odio decírselo, pero en lo tocante a su trabajo, es probable que usted sea sustituible. Lo sé. Podría ser una sacudida para el sistema. No obstante, tómese un día libre el mes que viene y descubrirá que es cierto. Todos los demás seguirán asistiendo y el trabajo continuará haciéndose. Esto le da la libertad de preguntar: ¿Qué funciones en la vida son exclusivamente para mí? El Sabbat lo ayudará a apagar el ruido para determinar la respuesta a esa pregunta.

Otra persona ocupará su cargo o su función algún día. Piense en ello. El trabajo presente de todos acabará siendo realizado por otros. Y si el futuro se parece en algo a *Los supersónicos*, es probable que los robots nos sustituyan algún día. Estoy bromeando —hasta cierto punto— pero la idea sigue siendo la misma.

> # El mundo es más grande que aquello en lo que estamos trabajando.

Cuando nos distanciamos de nuestro trabajo nos damos cuenta de dos cosas. Una, que somos sustituibles y que el trabajo sigue sin nosotros. Dos, que el mundo es más grande que aquello en lo que estamos trabajando.

Muchos de nosotros vivimos en unas burbujas tan pequeñas que olvidamos lo que está sucediendo alrededor del mundo. Piense en esto la próxima vez que se encuentre en medio del tráfico. En la vida de cualquier otra persona que se halla en otro auto cualquiera están ocurriendo muchas cosas, igual que en la suya. Esa persona a la que adelanta en la calle tiene toda una historia de vida tan profunda, compleja, confusa e interesante como la suya... ¡si no más!

Pulsar la pausa nos ayuda a ver esta imagen panorámica. Porque lo cierto es que, entre la velocidad y el ruido del mundo, estamos haciendo todo lo que podemos solo para mantenernos al día. Vamos de las reuniones de trabajo a las teleconferencias, las juntas escolares, los entrenamientos de fútbol, las cenas y el momento de acostarnos a mayor velocidad de lo que podemos comprender. Y como dijo Ferris Bueller: «La vida se mueve bastante rápido. Si no se detiene y mira a su alrededor de vez en cuando, podría perdérsela».[6]

Hacer un espacio para pulsar la pausa es la forma en que usted se detiene y mira a su alrededor. Y no es tan difícil como piensa. Por supuesto, no somos profesores catedráticos que disfrutan de tres meses sabáticos. No obstante, sí tenemos el margen en nuestra vida a fin de crear espacio para todo aquello de lo que hemos hablado, solo tenemos que encontrarlo.

La razón por la que pienso que el fin de semana debería ser un sabático semanal es porque creo que es ahí donde usted tiene más probabilidades de hallar el espacio que necesita. La clave está en descubrir el mejor momento para reducir la marcha. Y estoy hablando despacio. Despacio. Des-pa-cio. Des-pa-cioooo.

Esto podría lograrse despertando una hora antes que los demás el sábado por la mañana. Podría hacerse apartando la tarde del sábado. Tal vez la noche de ese día pueda ser cuando usted y su cónyuge separen una hora de su programa para ponerse al día y hablar de naderías. Reducir el paso las mañanas del domingo antes de ir a la iglesia pueda convertirse en una gran rutina. O quizás podría cambiar una o dos horas de ver fútbol el domingo en la tarde por un tiempo de reflexión y meditación. Y es posible que la noche del domingo sea el espacio de tiempo durante el cual no tiene mucho que hacer y pueda prepararse para la semana siguiente.

No sé. Una vez más, esta parte depende de usted. Lo que sí le advierto es que si no se toma el tiempo para hallar espacio, transcurrirán años sin que se dé cuenta. Ese pensamiento resulta aterrador, pero cierto. Hoy es el día menos ocupado al que se enfrentará. La vida siempre se vuelve más ajetreada mañana. Recuerde cuando estaba en la universidad. Probablemente pensaba que en ese momento se encontraba demasiado ocupado. Sin embargo, ahora ve que doce horas de clase a la semana, más seis horas de deberes y estudiar (a lo sumo) solo suman dieciocho horas en total. ¿Qué hizo con todo su tiempo libre?

Del mismo modo, reflexionará en el día de hoy y pensará: *¿Qué hice con todo ese tiempo?*

Es por eso que le digo ahora: úselo. Cree espacio y permítase un respiro. Es demasiado fácil llenar cada hora del día de ruido. Todos lo hemos hecho. Y muchos de nosotros seguimos haciéndolo y no tenemos ni idea de cómo superamos cada día. La vida no es salir adelante. Es vivir.

Si no aminoramos el paso, nos alejamos de las cosas que no necesitamos, encontramos nuestro ritmo y creamos algún espacio, nos la vamos a perder. Pulsar la pausa, por otra parte, puede mostrarnos que hay algo más. Y entender esto es exactamente lo que nos permitirá apagar el ruido y buscar algún descanso.

CAPÍTULO 10

CONTROL
MAESTRO

El liderazgo no tiene que ser un secreto. Se ha escrito suficiente material al respecto para toda una vida de lectura.

Cuando lancé mi primer libro, el vicepresidente de la editorial, de casi ochenta años, comentó: «Lo último que necesita este mundo es otro libro sobre el liderazgo».

Mi primer pensamiento fue: ¡Vaya! *¡Esto sí que es empezar con buen pie!*

Sin embargo, él tenía razón. Por desdicha, debe haber más libros sobre el liderazgo que líderes verdaderamente buenos. Por esa razón nunca quise que este libro tratara acerca de *qué* es el liderazgo. Eso ya lo sabe. Mi intención era escribir sobre la manera de crecer como líder. Y no es cosa fácil.

El crecimiento requiere cambio.

Uno de los motivos por los que el crecimiento en el liderazgo resulta tan difícil para usted y para mí es que hay demasiadas cosas en nuestra vida que se resisten a crecer. El crecimiento requiere cambio. Y el cambio exige renunciar hoy a algo para obtener algo mejor mañana. A la mayoría de las personas no les gusta ceder esa clase de control. En realidad, crecer como líder tiene más que ver con el control de lo que muchos imaginan.

Sé que probablemente usted se da cuenta de esto, pero solo para recordárselo, le diré que algo o alguien lo va a controlar. Ya está sucediendo, sea consciente de ello o no. Para excavar de verdad bajo la superficie del crecimiento, necesitamos responder a algunas preguntas que tienen que ver con el control. ¿Qué permitirá que lo controle? ¿A quién le permitirá que lo controle? Si usted no es consciente e intencional, sus emociones lo dominarán. Para empezar, las emociones positivas quieren que regrese a esas mismas cosas que las producen. Todo aquello que libera la dopamina y la serotonina acabará formando en usted patrones de conducta, para bien o para mal. Tales cosas harán que vuelva por más, y con el tiempo tomarán el control.

Sin embargo, hay algo con respecto a las emociones negativas que nos hace volver también a ellas. En su subconsciente, usted se aferra a las emociones poco saludables, porque de alguna manera extraña hacen que se sienta mejor. El océano de las emociones negativas quiere mantenerlo enojado, amargado o lleno de resentimiento, algo que al final se manifestará en sus actos y comportamientos.

A menos que aprenda cómo tratar con su forma de sentirse, esas emociones negativas se apoderarán de usted como la sustancia se adueñan de un adicto. Es posible que tenga una justificación para aferrarse a la emoción, pero eso no significa que sea saludable para usted.

LA SOBRIEDAD EMOCIONAL

Las emociones negativas pueden ser embriagadoras. Ya sea que se trate de la rabia del enojo, la amargura del resentimiento o el desprecio a uno mismo de la inseguridad, las emociones negativas fomentan dentro de usted la creación de patrones adictivos. Y como en el caso de una sustancia que crea dependencia, mientras más muerde el anzuelo en cuanto a las mismas, más crece su tolerancia a ellas. Y mientras más tolerante es usted al respecto, más establece los patrones que lo hacen regresar por más.

Recientemente leí un estudio que establecía un paralelo entre el ciclo en tres etapas de la adicción a la droga y la adicción emocional.[1] Esto funciona de la forma siguiente:

1. Borrachera/intoxicación.
2. Síndrome de abstinencia/efecto negativo.
3. Preocupación/anticipación

El doctor George Koob argumenta que morder el anzuelo de las emociones negativas es similar a una borrachera. Luego se experimenta un síndrome de abstinencia y un efecto negativo, la experiencia de las emociones negativas. Finalmente, después de que estas desaparezcan, la preocupación por volver a emborracharse crea expectativa con respecto a la próxima vez que retorne esa sensación.

Si le parece que estoy intentando asustarlo para que preste más atención aún, está en lo cierto. Verá, este es el último capítulo del libro. Siento la urgencia de que nos quedamos sin tiempo con cada vuelta de página. Así que este es mi momento Tom Brady «TB12 con la pelota en la última jugada».

Para poner el listón todavía más alto, permítame adoptar otro ángulo. Compruebe este poderoso versículo del Nuevo Testamento: «Sed de espíritu sobrio, estad alerta. Vuestro adversario, el diablo, anda al acecho como león rugiente, buscando a quien devorar» (1 Pedro 5:8, LBLA).

El apóstol Pedro, uno de los compañeros más cercanos de Jesús, no tenía el adiestramiento psicológico formal para identificar los paralelos entre la adicción y las emociones negativas, pero señaló la amenaza de un modo distinto. Comparó el peligro potencial de las emociones negativas con la forma en que el maligno merodea, dispuesto a atacar. Independientemente de lo que usted crea sobre Dios frente a Satanás, podemos concordar en una narrativa binaria del mundo, la cual puede resumirse como la luz frente a la oscuridad, el bien frente al mal, o incluso Skywalker frente a Vader.

Pedro escribió que debido a que el maligno está siempre acechando, ambos debemos (1) ser de espíritu sobrio y (2) estar alerta. Permanecer alerta resulta clave para no quedar atrapado en la euforia de nuestras propias emociones negativas. Y ser de espíritu sobrio —permanecer emocionalmente sobrio— impedirá que nos convirtamos en adictos a las formas de la negatividad que con tanta facilidad nos enredan. La sobriedad emocional lo capacitará para reconocer al león que está al acecho y a la vez evitar ser devorado por él.

> Estar alerta tiene que ver con la conciencia, pero también con el autocontrol.

Estar alerta tiene que ver con la conciencia, pero también con el autocontrol. La idea del dominio propio es que usted escoge de un modo activo e intencional qué lo controla. Usted puede decidir con deliberación ser controlado por quién quiere ser, cómo quiere crecer y los hábitos que quiere que determinen su futuro. Al ejercer el autocontrol, puede negarse a permitir las emociones negativas que desean controlarlo y abrirse camino en su vida.

En lugar de entregarse a esas emociones negativas es necesario que las gobierne con un collar, una correa y una valla invisible terriblemente fuerte. Las mismas son adictivas, peligrosas y no se debe jugar con ellas. Y hasta que aprenda a bajar el volumen del ruido lo suficiente y durante bastante tiempo como para sentir una curiosidad implacable con respecto a sus emociones, jamás tendrá el autocontrol para doblegarlas.

BAJO LA INFLUENCIA

Por fuertes que sean las emociones negativas, nunca se pretendió que lo controlaran. Y usted tampoco está diseñado para que ellas lo gobiernen. Sí, sus emociones son mensajeros, y sí, se supone que lo alertan de algo, pero no deben andar fustigándolo. Usted fue creado para vivir bajo un control diferente. El mayor problema con la naturaleza controladora de las emociones negativas es que le impiden ser gobernado del modo que se designó.

Pensar que quedará libre del control es una quimera. Mi cosmovisión me indica que todo el mundo está gobernado por algo. Nadie es autónomo. Usted tiene que decidir qué desea que lo controle. Así como el iOS de Apple, un sistema operativo móvil, dirige el cuerpo de un IPhone, algo o alguien también lo dominará a usted. Y esto está completamente relacionado con el modo en que crecerá y se desarrollará como líder.

He aquí otra forma de pensar sobre ello: «Y no os embriaguéis con vino, en lo cual hay disolución, sino sed llenos del Espíritu» (Efesios 5:18).

Esta sencilla declaración pega fuerte, pero no se engañe y piense que esto tiene que ver principalmente con el uso o el abuso del alcohol. Se trata de mucho más que eso.

No obstante, como nota al margen, si no ha pasado mucho tiempo entre cristianos, el tema del uso del alcohol le resultará hilarante. Al vivir en el sur y trabajar como pastor, he llegado a ser muy consciente de que nada hace que los cristianos se sientan más incómodos que toparse unos con otros en la licorería. De manera más específica, cuando alguien de nuestra iglesia se encuentra conmigo en la tienda de espirituosos (sí, lo digo con doble sentido), siempre me da risa ver lo torpe que tiende a ser la interacción.

No, la referencia que el apóstol Pablo está haciendo aquí al alcohol en realidad tiene que ver con el control. La primera declaración que él hace sobre embriagarse con vino es su forma de prevenir a los de la iglesia de Éfeso para que tengan cuidado con cualquier cosa que busque controlarlos. Tristemente, el Pinot o el Chard solo son una de las fuerzas que procuran tener dominio sobre usted. Mucho más sutiles que el alcohol son las emociones negativas que lo harán volver por más. Estas no solo buscan el control, sino que tienen el potencial de fustigarlo durante toda su vida.

En vez de ello, Pablo defiende la idea de ser controlado por alguien que tiene su mejor interés en mente. Él afirma que usted se encuentra en su mejor estado cuando el Espíritu de Dios lo controla. El mayor peligro de que las emociones negativas lo controlen es que está dejando de permitir que Dios —quien dicho sea de paso, creó todas las emociones— tenga el control. El problema no solo son las consecuencias peligrosas de las emociones negativas, sino el coste de la oportunidad en juego cuando no la aprovecha para que alguien mucho mayor que usted lo gobierne. Sé que esto podría sonar demasiado descabellado, demasiado difícil hasta de comprender, o quizás demasiado religioso para usted, pero escúcheme.

En el mejor de los casos, ¿podemos concordar en que algo, ya sean sus emociones o tal vez su autodisciplina, va a tener control sobre usted? De ser así, la siguiente pregunta debe ser: ¿qué o quién es preferible que tenga dominio sobre usted?

En mi propio liderazgo, no siempre hay una clara intersección entre mi fe y la forma en que elijo liderar. Sin embargo, este tema del control es uno de esos casos en los que mi fe informa con voz alta y clara a mis acciones. En lo que respecta a qué o quién me controla, es demasiado lo que está en juego. Yo podría acceder a que mis emociones negativas tomaran el control y experimentar cargas de efectos adversos. Cuando doy rienda suelta a mi enojo e interrumpo a alguien en una reunión, cuando me entrego a la inseguridad y trabajo de forma pasiva contra mis colaboradores, o cuando dejo que el temor venza y sucumbo a la autopromoción, permito que esas emociones me controlen. No obstante, la cosa es aún peor. Me pierdo algo mucho más extraordinario.

Piense en esto durante un momento: si Pablo está en lo cierto (y dio su vida por ello) con respecto a que el poder del Todopoderoso está verdaderamente disponible para dirigirlo y controlarlo, ¿por qué no querría usted aprovechar su liderazgo y su control? Cada día surgen circunstancias para las que necesito que alguien mayor que yo me dirija. Soy más que consciente de mis propias limitaciones y defectos que me impiden abrirme a ceder el control.

La semana pasada, sin ir más lejos, mantuve una de las conversaciones más difíciles de mi breve carrera. Tuve que confrontar a una empleada en cuanto a algunos comportamientos que estaban afectando su influencia dentro de nuestra organización. La conversación sería incómoda y dolorosa, pero yo estaba convencido de que permitir que dicha conducta prosiguiera no era liderar ni amarla bien. Sus decisiones acabarían sofocando su propio futuro y afectarían de modo adverso a quienes estaban bajo su liderazgo. Era necesario tener aquella conversación.

El liderazgo se aprende mejor a través de la experiencia. Cuando se trata de conversaciones difíciles, siento como si hubiera aprendido a base de golpes duros en la universidad de la vida, donde los colores escolares son el negro y el azul. Lamentablemente, he cometido demasiadas equivocaciones confiando en mí mismo, apresurándome o reaccionando impulsado por mis emociones negativas. Este caso fue uno de esos momentos por desgracia escasos y muy distanciados entre sí en los que tuve conciencia para aflojar el paso, silenciar el ruido, escuchar qué había en mi interior, decidir cómo quería liderar, y planear a base de mucha oración para fomentar respuestas más sanas.

Antes de iniciarse la reunión, pude rendir mi corazón, mis palabras y mis intenciones al mismo Espíritu al que Pablo se refería en Efesios 5:18. Estoy convencido de que esto me permitió preocuparme de la empleada con más amabilidad, compasión y empatía. Aunque me sentía frustrado con ella, desalentado por su falta de integridad y descontento con su forma de dirigir a su equipo, aquellas emociones no me fustigaron. Obviamente, conversaciones como estas rara vez salen tan bien como cabría esperar, pero luego de cederle el control a aquel que creó mis emociones, me hallaba en un lugar mucho mejor para tratar el problema con claridad y eficacia.

MÁS DE LO QUE JAMÁS SABRÁ

La razón por la que me sentí obligado a plasmar todas estas ideas en papel se debe a lo mucho que hay en juego para usted y para mí. Si jamás apaga el ruido de las distracciones que lo rodean, se perderá lo más importante para su propio crecimiento como líder. Creo profundamente que aprender a escuchar lo que hay en su interior, y tratar directamente con ello, es clave para el desarrollo

Si jamás apaga el ruido de las distracciones que lo rodean, se perderá lo más importante para su propio crecimiento como líder.

continuo que sé que usted desea. De acuerdo con mi amor por las listas, acabaré mencionando estos cuatro ámbitos de su vida que no quiero que pase por alto.

1. Sea la mejor versión de usted.

Cuando acepta la idea de permitir que Dios tenga el control de su vida, creo que está en la senda del desarrollo hacia la mejor versión de usted. Nadie lo conoce mejor. Nadie lo ama más. Nadie cree más en su potencial. Por mucho que piense que se conoce a sí mismo mejor que nadie, encontrar esa mejor versión de usted sin la ayuda de aquel que lo creó es una búsqueda a ciegas.

Además, la mejor versión de usted no es un destino. Eso es algo que en realidad sucede a lo largo del viaje. Su cociente emocional más sano tampoco es un punto de llegada. Es la condición en la que debemos permanecer. Así como la salud física es un viaje que

La mejor versión de usted no es un destino. Eso es algo que en realidad sucede a lo largo del viaje.

Usted puede guiar mejor a los demás cuando siente que sabe hacia dónde se está dirigiendo en su propia vida.

se está llevando a cabo, pero no un lugar a donde llegar, lo mismo ocurre con la salud emocional.

2. Tenga una visión para su vida.

Cada cuatro años parece producirse un gran giro en mi carrera. Nunca planeé que fuera así, pero las cosas se han desarrollado de esta manera. Cada vez que se presenta una nueva oportunidad, me enfrento a la misma pregunta: *Dios, ¿qué quieres para mi vida?* Esta es una pregunta de sometimiento. Es mi forma de decir: «Quiero lo que tú quieras más que lo que quiero yo». Sin una respuesta a esta pregunta, siento que las oportunidades que me empujan y tiran de mí pueden ser lo mejor o no. No obstante, la única forma de conseguir respuesta a esta pregunta es abandonando el control y saliendo del ruido.

No se engañe: su futuro no es ni más ni menos seguro cuando usted tiene una visión para su vida. Sin embargo, tener una visión clara de adónde necesita ir es vital para su liderazgo. Usted puede guiar mejor a los demás cuando siente que sabe hacia dónde se está dirigiendo en su propia vida.

En cuanto a mí, he observado que este triste ciclo se repite una y otra vez: mientras más ajetreada es mi vida, más alto es el ruido. Mientras mayor volumen tiene este, más nuboso parece mi futuro. Mientras menos claridad percibo con respecto a mi futuro, mayor es la tentación a morder el anzuelo de las emociones negativas. Lavar, enjuagar, repetir.

Es probable que esto mismo ocurra en su caso también. Lo desafío a romper el ciclo. Renunciar al control y salir del ruido puede sacarlo de la nubosidad, llevarlo a la claridad, y ayudarlo a encontrar una clara visión para su futuro. Esto es demasiado importante como para perdérselo.

3. Cuide bien a los demás.

No puede cuidar bien a los demás si no se está cuidando primero a usted mismo. Citando a Lauryn Hill, de uno de mis álbumes preferidos, *The Miseducation of Lauryn Hill*: «¿Cómo va a ganar si no está bien en su interior?». Una pregunta realmente brillante, Lauryn.

Usted no puede ganar cuando ayuda a los demás hasta que se haya ocupado directamente de sus emociones internas. Las personas que lo rodean le están exigiendo poner las cosas en orden en su interior para poder ser de mejor ayuda. Se lo estoy diciendo... es posible y puede funcionar. Por contradictorio que parezca, tiene que renunciar al control para poder lograrlo.

> No puede cuidar bien a los demás si no se está cuidando primero a usted mismo.

4. Escuche a Dios

Finalmente, jamás podrá escuchar a Dios hasta que apague el ruido. Saber de Dios funciona en conjunto con ceder el control. Asimismo, mientras más acalla el ruido, más querrá renunciar al control para poder ocuparse de lo que hay en su interior.

He descubierto que la mayor parte del tiempo el ruido se apagará de un modo u otro. A menudo, Dios no quiere obligarnos a reducir el ruido. No obstante, tampoco desea tener que gritar para hacerse oír. Si él tiene algo que decir, tiende a quedarse pacientemente con nosotros mientras permanecemos distraídos con nuestra propia vida. Sin embargo, cuando Dios quiere hablar, acabará haciéndolo. Él nos ama demasiado como para no comunicarse con nosotros. ¿Por qué hacerlo esperar? ¿Por qué obligarlo a apagar el ruido en nuestro lugar? Con seguridad renunciar al control merece la pena para poder tener noticias suyas.

LA CUENTA REGRESIVA FINAL

El liderazgo tiene una fase final. Y no tiene que ver con usted. El liderazgo resulta siempre mejor cuando es para el beneficio y por el bien de los demás. Téngalo claro.

No obstante, puede estar seguro de que no se encuentra solo en esta lucha. Mi esperanza está en reunir a una generación de líderes, jóvenes y viejos, dispuestos a unirse a mí en la búsqueda de un liderazgo más claro, más fuerte y libre de distracciones. Quiero que esta generación de líderes deje su ambición en un segundo plano y ponga el beneficio y el bien de los demás en primera fila. La única forma de poder hacerlo es encargándonos de nuestra propia salud emocional con el cuidado que merece.

Y debe saber esto: tiene a un Dios que va delante de usted y lucha a su lado. Me agrada este reto y la promesa que le dio a su pueblo cuando se enfrentaban literalmente a uno de sus mayores enemigos: «Sean fuertes y valientes. No teman ni se asusten ante esas naciones, pues el SEÑOR su Dios siempre los acompañará; nunca los dejará ni los abandonará» (Deuteronomio 31:6).

Espero liderar a otros mejor continuamente, pero sé que mis esfuerzos son inútiles a menos que me lidere a mí mismo tan bien como sea posible. Lo mismo sucede con usted. Por atractivo y adictivo que sea el ruido, se puede apagar. En realidad, debe apagarse. ¡Y cuando sea capaz de empezar a disminuir de forma habitual las distracciones y el ruido de su vida y su liderazgo, el mundo será mejor por ello! ¡Subamos el volumen de nuestra influencia reduciendo el ruido!

Capítulo 1— El peligro de la distracción

1. «New CareerBuilder Survey Reveals How Much Smartphones Are Sapping Productivity at Work», comunicado de prensa de CareerBuilder, 9 de junio de 2016, https://www. careerbuilder.co.uk/share/aboutus/pressreleasesdetail. aspx?sd=6%2f9%2f2016&id=pr954&ed=12%2f31%2f2016.

2. Erika Christakis, «The Dangers of Distracted Parenting», *The Atlantic*, julio/agosto de 2018, https:// www.theatlantic.com/magazine/archive/2018/07/ the-dangers-of-distracted-parenting/561752/.

3. Sydney Lupkin, «Can Facebook Ruin Your Marriage?», ABC News, 24 de mayo de 2012, https://abcnews.go.com/Technology/ facebook-relationship-status/story?id=16406245.

4. Sebastián Valenzuela, Daniel Halpern y James E. Katz, «Social Network Sites, Marriage Well-Being and Divorce: Survey and State-Level Evidence from the United States», *Computers in Human Behavior* 36 (julio 2014), pp. 94-101; https://www. sciencedirect.com/science/article/pii/S0747563214001563. El estudio, realizado por los investigadores de la Universidad Católica Pontificia de Chile y la Universidad de Boston, comparó estado por estado los índices de divorcio con las cuentas per cápita de Facebook. En un análisis aparte, también usaron los datos de una encuesta de 2011–2012 que les preguntaba a los individuos sobre la calidad del matrimonio y el uso de las redes sociales. Su estudio descubrió un vínculo entre esto último y la disminución de la calidad del matrimonio en cada modelo que analizaron. Ellos afirmaron que su investigación no demostró que se pudiera culpar a las redes sociales de los problemas matrimoniales, pero sugirieron que se podría probar la existencia de semejante relación

en estudios posteriores. Ver también Everett Rosenfeld, «Social Networking Linked to Divorce, Marital Unhappiness», CNBC, 9 de Julio de 2014, https://www.cnbc.com/2014/07/08/social-networking-linked-to-divorce-marital-unhappiness.html.

5. Clive Thompson, «You Know Who's Really Addicted to Their Phones? The Olds», *Science*, 28 de marzo de 2018, https://www.wired.com/story/gen-x-adhd-screen-addiction/.

6. Thompson, «You Know Who's Really Addicted to Their Phones?».

7. «Deloitte Survey: Smartphones Continue to Reign Supreme as Consumers' Preferred Device», comunicado de prensa de Deloitte, 13 de noviembre de 2018, https://www2.deloitte.com/us/en/pages/about-deloitte/articles/press-releases/deloitte-launches-2018-global-mobile-consumer-survey.html.

8. Sean L. McCarthy, «Review: Gary Gulman, "It's About Time" (Netflix)», 4 de mayo de 2016, *The Comic's Comic*, http://thecomicscomic.com/2016/05/04/review-gary-gulman-its-about-time-netflix/.

9. Nick Bilton, «Steve Jobs Was a Low-Tech Parent», *New York Times*, 10 de septiembre de 2014, https://www.nytimes.com/2014/09/11/fashion/steve-jobs-apple-was-a-low-tech-parent.html.

10. Nellie Bowles, «A Dark Consensus about Screens and Kids Begins to Emerge in Silicon Valley», *New York Times*, 26 de octubre de 2018, https://www.nytimes.com/2018/10/26/style/phones-children-silicon-valley.html.

11. *Three Amigos*, dirigida por John Landis, interpretada por Steve Martin, Randy Newman y Lorne Michaels (HBO Films, 1986).

12. Larry Copeland, «Atlanta's Ability to Handle Winter Storms Questioned», *USA Today*, 29 de enero de 2014, https://www.usatoday.com/story/news/nation/2014/01/29/atlanta-winter-storm-response/5029489/.

Capítulo 2 — El ruido blanco

1. «Distraction» [Distracción], Oxford English Dictionary, https://en.oxforddictionaries.com/definition/distraction.

2. M. Admin, «True Silence Will Drive You Mad», KnowledgeNuts, 2 de junio de 2014, https://knowledgenuts.com/2014/06/02/true-silence-will-drive-you-mad/.

3. Stephany Kim, «Professors Cancel Class, Responding to "Shocking" Election Results», *Cornell Daily Sun*, 10 de noviembre de 2016, https://cornellsun.com/2016/11/10/professors-cancel-class-responding-to-shocking-election-results/.

4. He oído a Andy Stanley afirmar esto al menos un centenar de veces.

5. Dan Rockwell, «Frustrated with Others but Comfortable with Yourself», *Leadership Freak*, 19 de octubre de 2018, https://leadershipfreak.blog/2018/10/19/frustrated-with-others-but-comfortable-with-yourself/.

6. *Drip* (gotear) es una canción del grupo estadounidense de trap Migos (N. del T.).

7. David Moye, «600 Surfing Santas Make a Big Splash in Cocoa Beach, Florida», *HuffPost*, 24 de diciembre de 2018, https://www.huffingtonpost.com/entry/surfing-santas-cocoa-beach_us_5c2136e3e4b08aaf7a8b855a.

8. Kerry Lotzof, «Bye-Bye Dark Sky: Is Light Pollution Costing Us More Than Just the Nighttime?», Natural History Museum, 16 de noviembre de 2018, http://www.nhm.ac.uk/discover/light-pollution.html.

9. «Light Pollution», Wikipedia, https://en.wikipedia.org/wiki/Light_pollution.

Capítulo 3 — Los tres villanos del liderazgo

1. Fiza Pirani, «Atlanta Traffic among Worst in the World, Study Finds», *Atlanta Journal-Constitution*, 20 de febrero de 2017, https://www.ajc.com/news/local/atlanta-traffic-among-worst-the-world-study-finds/C6JR110E1z9xZeGGmjJ2HM/.

2. Dominika Osmolska, «When Children Lie They Are Simply Reaching a Developmental Milestone», EmaxHealth, 9 de agosto de 2011, https://www.emaxhealth.com/6705/when-children-lie-they-are-simply-reaching-developmental-milestone.

3. «UMass Researcher Finds Most People Lie in Everyday Conversation», comunicado de prensa de EurekAlert!, 10 de junio de 2002, https://www.eurekalert.org/pub_releases/2002-06/uoma-urf061002.php.

4. Kathy Benjamin, «60% of People Can't Go 10 Minutes without Lying», Mental Floss, 7 de mayo de 2012, http://mentalfloss.com/article/30609/60-people-cant-go-10-minutes-without-lying.

Capítulo 4 — El yo del liderazgo

1. *El reportero*, dirigida por Adam McKay, interpretada por Will Ferrell y Adam McKay (Apatow Productions, 2004).

2. Mi editor me pidió que definiera este término para la gente mayor. Según el Urban Dictionary: «que le llamen a uno la atención por algo; hacer pública cierta información sobre alguien de una forma embarazosa» (por Espe, 22 de noviembre de 2003). Ver http://www.urbandictionary.com/define.php?term=put+on+blast.

3. Un *apoderado* es un servidor, programa o dispositivo que hace de intermediario en las peticiones de recursos que realiza un cliente (A) a otro servidor (C) (N. del T.).

4. Jeff Bezos, «2016 Letter to Shareholders», *DayOne: The Amazon Blog*, 17 de abril de 2017, https://blog.aboutamazon.com/company-news/2016-letter-to-shareholders.

5. «Brian Regan—Learning Spanish», *Brian Regan: The Epitome of Hyperbole*, 6 de septiembre de 2008, http://www.cc.com/video-clips/r3qlq6/learning-spanish.

6. Brené Brown, «TED Talk: Listening to Shame» (marzo de 2012), https://brenebrown.com/videos/ted-talk-listening-to-shame/.

Capítulo 5 — Hábitos que anulan el ruido

1. William Harris, «How Noise-Canceling Headphones Work», How Stuff Works, https://electronics.howstuffworks.com/gadgets/audio-music/noise-canceling-headphone3.htm.

2. *Seinfeld*, temporada 5, episodio 22, «The Opposite», dirigido por Tom Cherones, escrito por Larry David, Jerry Seinfeld y Andy Cowan, emitido el 19 de mayo de 1994 en la NBC.

Capítulo 6 — Hábito uno: Encontrar la simplicidad

1. Andrew Stanton, «The Clues to a Great Story», charla TED, febrero de 2012, https://www.ted.com/talks/andrew_stanton_the_clues_to_a_great_story?language=en#t-466395.

2. Andrew Trotman, «Facebook's Mark Zuckerberg: Why I Wear the Same T-Shirt Every Day», *The Telegraph*, 7 de noviembre de 2014, https://www.telegraph.co.uk/ technology/facebook/11217273/Facebooks-Mark -Zuckerberg-Why-I-wear-the-same-T-shirt-every-day.html.

3. Brett y Kate McKay, «The Eisenhower Decision Matrix: How to Distinguish between Urgent and Important Tasks and Make Real Progress in Your Life», *The Art of Manliness*, 23 de octubre de 2013, https://www.artofmanliness.com/articles/eisenhower-decision-matrix/.

4. La ilustración del alce y los monos se inspiró originalmente en un proverbio ruso sobre cazar dos conejos. Ver Chris Winfield, «Need Help Focusing? Think about Two Rabbits», *Inc.*, 29 de Julio de 2016, https://www.inc.com/chris-winfield/need-help-focusing-think-about-two-rabbits.html.

Capítulo 7 — Hábito dos: Hablar consigo mismo

1. Good Life Project Podcast. Daniel Goleman: The Truth About Meditation (A scientific look). https://itunes.apple.com/us/podcast/good-life-project/id647826736?mt=2&i=1000392373624.

2. Íbid.

Capítulo 8 — Hábito tres: Callarse

1. «Face to Face: Parents, Children Share Four Minutes of Emotional Silence», NBC News, 19 de diciembre de 2016, https://www.nbcnews.com/news/asian-america/face-face-parents-children-share-four-minutes-emotional-silence-n693196.

2. Thomas Merton, «La vida silenciosa» (Bilbao: Desclée De Brouwer, 2009), p. 167 del original en inglés.

3. Jennifer Welsh, «Morning People Are Actually Happier Than Night Owls», *Live Science*, 11 de junio de 2012, https://www.livescience.com/20880-morning-people-happier.html.

4. Donald Whitney, *Spiritual Disciplines for the Christian Life* (Colorado Springs: NavPress, 2014), p. 225.

5. C. H. Spurgeon, «Silence, Solitude, Submission», 13 de junio de 1886, http://www.biblebb.com/files/spurgeon/2468.htm.

6. John Ortberg, *La vida que siempre has querido* (Grand Rapids, MI: Editorial Vida, 2012), p. 30 del original en inglés.

Capítulo 9 — Hábito cuatro: Pulsar la pausa

1. *Wonder*, dirigida por Stephen Chbosky (Lionsgate, 2017).

2. Ed Stetzer, «The Sabbath, Jesus, and Christians by J. D. Greear», *Christianity Today*, 16 de mayo, 2014, https://www.christianitytoday.com/edstetzer/2014/may/sabbath-jesus-and-christians.html.

3. Este artículo lo expresa bastante bien: Christine Thomasos, «DeVon Franklin Lists Health Benefits of Observing the Sabbath on "Dr. Oz Show"», *Christian Post*, 13 de enero de 2017, https://www.christianpost.com/news/devon-franklin-lists-health-benefits-observing-the-sabbath-dr-oz-show.html.

4. «One Tech Investor on Why You Should Take a Break from Social Media», WBUR *Here & Now*, 8 de febrero de 2017, https://www.wbur.org/hereandnow/2017/02/08/tim-ferriss.

5. Podcast de Tim Ferriss.

6. *Todo en un día*, dirigida por John Hughes (Paramount Pictures, 1986).

Capítulo 10 — Control maestro

1. George F. Koob, «The Dark Side of Emotion: The Addiction Perspective», PubMed Central, 15 de abril de 2016, https://www.ncbi.nlm.nih.gov/pmc/articles/PMC4380644/.

Cómo liderar cuando no estás al mando

Aprovecha tu influencia cuando te falta autoridad

Clay Scroggins

¿Estás dejando que tu falta de autoridad te paralice?

Uno de los grandes mitos del liderazgo es que para poder liderar debes tener el control. Los grandes líderes no lo creen así. Los mejores líderes conducen con o sin la autoridad y aprenden a utilizar su influencia donde están.

Con sabiduría práctica y humor, Clay Scroggins te ayudará a nutrir tu visión y cultivar influencia, aun cuando carezcas de autoridad en tu organización. Y te liberará para llegar a ser el gran líder que quieres ser para hacer la diferencia en donde te encuentres. Aun cuando no tengas el control.

Disponible en tiendas y en línea.